MED KÄNSLA FÖR BARNS
SJÄLVKÄNSLA

MED KÄNSLA FÖR BARNS SJÄLVKÄNSLA

Petra Krantz Lindgren

BONNIER FAKTA

BONNIER FAKTA
www.bonnierfakta.se

© Petra Krantz Lindgren 2014
REDAKTÖR Ann Pålsson / Redaktörspoolen
OMSLAGSFOTO Anna-Lena Ahlström
GRAFISK FORM Eva Lindeberg
Tredje tryckningen
TRYCK ScandBook AB, Falun 2014
ISBN 978-91-7424-364-2

*Föräldrar skall inte lära
barn att bli perfekta.
Föräldrar skall lära barn
att de duger som de är.*

FIA, 8 ÅR

INNEHÅLL

Inledning 9
1. Självkänsla 19
2. Ditt barn – en annan du 27
3. Gemenskap och intresse i vardagen 45
4. Den viktiga varför-frågan 61
5. Lyssna – utan att ifrågasätta eller kritisera 79
6. Prata – utan att kränka, hota eller muta 121
7. Föräldraskap och dåligt samvete 169

Till sist 185

Tack 189

INLEDNING

NÄR DU SKÄLLER *på mig, mamma, är det svårt för mig att älska mig själv*. Så löd rubriken på ett inlägg som jag skrev på min blogg vid ett tillfälle. Där beskrev jag ett samtal som jag hade haft med min sjuåriga dotter, där jag frågade om hon älskade sig själv. Hon svarade att hon oftast gjorde det, men att hon kände sig dum när jag pratade med arg röst till henne och "när jag känner mig dum är det svårt för mig att älska mig själv". Inlägget fick en explosionsartad spridning på nätet. Under två dagar hade det 260 000 visningar, mångdubbelt fler än något annat jag skrivit både före och efter det. Varför blev det så? Jag tror att svaret finns i inläggets rubrik. Vi föräldrar älskar våra barn. Naturligtvis vill vi också att våra barn skall älska sig själva, veta hur värdefulla och fantastiska de faktiskt är. Tanken på att de skulle tvivla på det berör oss djupt och blir smärtsam när vi påminns om att vårt sätt att möta barnen påverkar vad de tycker om sig själva. Vad vi som föräldrar säger och gör har betydelse för hur våra barn ser på sig själva, vad de känner inför sig själva, vilken längtan och vilka drömmar de bär i sina hjärtan. Det kan kännas som ett stort ansvar. Och som en underbar möjlighet.

Första gången jag verkligen började fundera över mitt ansvar och mina möjligheter som förälder var i samband med att jag gick en kurs i Aktivt Föräldraskap. Genom kursen blev jag inspirerad till att fundera över vilka långsiktiga mål jag har i mitt föräldraskap, hur jag vill att mina barn skall bli när de är vuxna. Tidigare hade jag mest haft fokus på att njuta av glädjestunderna och hantera de dagliga utmaningarna. När jag tog mig tid att reflektera insåg jag att min målbild var, och fortfarande är, innehållsrik. Jag vill gärna att mina barn utvecklas till människor som är empatiska, omtänksamma, respektfulla, ärliga, ansvarsfulla, modiga och att de har självkänsla, självförtroende, civilkurage och självrespekt.

Det som också blev tydligt, och som jag kommer att skriva mer om längre fram i boken, är att självkänsla har en särställning i det här sammanhanget. Självkänsla är den plattform utifrån vilken många andra egenskaper utvecklas. Det är barn som accepterar och gillar sig själva (barn med sund självkänsla) som lyssnar på sina egna – och andras – känslor och behov, som höjer sin röst mot orättvisor, som vågar gå sina egna vägar i livet, som tar ansvar för sina misstag, som vet att de duger även om de inte får höra att de är duktiga och som kan ta emot kritik på ett konstruktivt sätt.

De två sista punkterna – att veta att man duger även om ingen berömmer ens prestationer och att kunna ta kritik på ett konstruktivt sätt – ligger mig särskilt varmt om hjärtat. Jag har själv vuxit upp i tron att mitt värde ligger i andra människors bedömningar av mina prestationer, att kritik betyder att man är misslyckad och att beröm är livets mening. Länge ansträngde jag mig till mitt yttersta i nästan alla sammanhang

INLEDNING

jag befann mig och sökte ständigt bekräftelse på att jag var duktig. När en professor på universitetet där jag studerade sade att jag hade "potential" och uppmanade mig att söka till forskarutbildningen blev jag därför överlycklig. Det kändes som en skön bekräftelse på min kompetens och jag såg en möjlighet att få ännu mer bekräftelse om jag faktiskt blev antagen och skrev en doktorsavhandling.

Så kom det sig att jag spenderade sex år av mitt liv i ett litet rum på universitetet, skrivandes på en bok i ett ämne som jag i ärlighetens namn inte hade något intresse för. Nästan varje dag mådde jag dåligt. Varje dag berättade min inre röst för mig att jag hade helt andra drömmar och mål för mig själv. Varje dag sade jag åt den att hålla tyst, för om jag inte skrev klart min bok, om jag inte var duktig, vad var jag då?

Vore det inte underbart om våra barn växte upp och lärde sig lyssna inåt? Om de hade modet att följa sin egen längtan och förverkliga sina egna drömmar? Om de visste att deras värde inte ligger i hur många gånger på en dag som de får höra från andra människor att de är duktiga eller presterar bra? Den längtan är min drivkraft att skriva den här boken, att samla alla de tankar och idéer om hur självkänsla får näring i mänskliga relationer, som jag genom åren har utvecklat och delat med mig av på föreläsningar, kurser och i samtal med föräldrar. Boken är formulerad till föräldrar, men det går alldeles utmärkt att byta ut ordet förälder mot ordet vuxen. Det jag skriver om är viktigt i alla mänskliga relationer.

Innan du läser

Jag är van att leda kurser, att föreläsa och att blogga. I alla dessa sammanhang finns möjlighet till dialog. Jag kan få respons på hur det jag uttrycker landar i mottagaren, jag kan förtydliga, utveckla och ändra. De möjligheterna finns inte när jag nu skriver en bok. Förmodligen är det därför jag funderar mycket på vem du som läser är och hur du kommer att ta emot det jag skriver.

Min förhoppning är att du läser det jag skriver med nyfikenhet, att du gör dig öppen för att testa mina idéer och samtidigt frågar dig själv:

* Håller jag med om det här?
* Varför håller jag med om det här?
* Vad tycker jag är viktigt?
* Hur vill jag göra?

Kanske är du ifrågasättande av naturen. Kanske har du tagit dig an den här boken med en avvaktande attityd till innehållet. I så fall kan min uppmaning att du skall förhålla dig kritisk till det jag skriver möjligen förefalla både främmande och lite förmäten. Men det kan också vara så att din läsning drivs av en längtan efter vägledning och stöd, att du läser den här boken i hopp om att hitta tydliga och handlingsinriktade lösningar på utmaningar som du upplever i ditt föräldraskap. Med den längtan *kan* det finnas en risk att man tappar bort sig själv och börjar göra det som står i boken – inte för att man i grunden tror på det, utan för att man *vill* tro på det. Behovet

INLEDNING

av att uppleva hopp, stöd och vägledning i föräldraskapet kan leda till att man missar att stämma av med sig själv – håller jag verkligen med om det här? Det är viktigt, för om det du som förälder gör och säger till ditt barn inte har förankring i dig själv påverkar det både barnet och dig på ett sätt som ingen av er mår bra av. Jag vet, för jag har varit en sådan "utifrånstyrd" förälder. En väldigt ambitiös sådan.

Som nybliven förälder var jag ganska lugn. Jag tänkte att saker och ting får lösa sig efter hand. Det gjorde de också, till en början. Men när andra barnet kom började vardagen köra ihop sig. Bebisen sov bara korta stunder. Amningen strulade. Tvååringen ville bestämma och klara allt själv.

Jag kände mig både rådvill och frustrerad och började söka lösningar. Jag läste böcker, föräldratidningar och bloggar. Jag blev medlem på föräldraforum på nätet och pratade med andra mammor och pappor på öppna förskolan. Men jag blev inte hjälpt, snarare överväldigad. Det var så mycket att ta in. Så mycket att lära sig. Så mycket att ta ställning till. Det var verkligen utmanande att vara en bra förälder.

Jag minns än idag vilken lättnad jag kände när jag hittade en bok som jag tyckte var både tydlig och heltäckande. Jag hittade Barnaboken av Anna Wahlgren.* Efter ett tag upptäckte jag också Annas forum på internet där Anna och föräldrar som anammat Barnaboksfilosofin svarade på frågor. Vilken guldgruva! Plötsligt kände jag mig inte lika vilsen längre. Jag hade hittat en trygg hamn och där kastade jag ankar.

Med förnyat självförtroende tog jag mig an mitt föräld-

* Wahlgren, Anna (1983) *Barnaboken*. Stockholm: Bonnier Carlsen.

raskap. I enlighet med Barnaboken införde jag schema för våra dagar där allt från mat och sömn till ensamlek, social delaktighet och utevistelse fanns inplanerat på en kvart när. Schemat klistrades upp på kylskåpsdörren, som en manifestation av mitt nya, trygga föräldraskap. Jag var frälst. Barnaboken och nätforumet var mina heliga skrifter, Anna min Gud.

Men även om jag vann en skön upplevelse av riktning och trygghet genom att anamma Barnaboksfilosofin (eller det som jag uppfattade som Barnaboksfilosofin) gjorde sig ibland också mindre behagliga känslor påminda. Olust var en av dem. Den kom när jag gjorde saker som, om jag var helt uppriktig mot mig själv, stred mot mina grundläggande värderingar. Jag använde mig till exempel ibland av "sängdumpning", vilket innebar att jag, när barnet upprepade gånger gjort något jag ogillade, placerade det i spjälsängen och gick därifrån. Det kändes fel. Ändå gjorde jag det. Jag var ju en Barnaboksförälder. Jag hade läst att andra föräldrar sängdumpade sina barn med stor framgång. Jag tänkte att det nog bara var jag som var onödigt känslig.

Frustration och irritation drabbade mig när jag gjorde saker som jag upplevde att jag borde göra, men som jag egentligen inte hade någon som helst lust att göra. Det hände ganska ofta. Jag tillbringade exempelvis ett par timmar varje dag utomhus, trots att både barnen och jag egentligen var mycket nöjdare inomhus. Rejäl och daglig utevistelse var trots allt en hörnsten i Barnaboksfilosofin. Likaså lade jag mig vinn om att involvera barnen i matlagningen. Bebisen satt på diskbänken och storebror stod på en pall. Det var otroligt stressande att ha två par barnahänder på räckavstånd från varma kastrul-

INLEDNING

ler och vassa knivar, men att barnen var delaktiga i familjens arbete var av yttersta vikt, det hade Anna Wahlgren sagt.

Efter varje våg av frustration och irritation följde besvikelse och skuldkänslor. Jag tänkte att jag kände fel. Jag borde njuta av att vara med mina fantastiska barn. "Små barn skall njuta och njutas!" Också det hade Anna Wahlgren sagt.

Men det var förstås inte bara jag som upplevde obehag när jag brast i äkthet som förälder och gjorde eller sade saker, inte av egen övertygelse, utan därför att jag läst det i en bok. Jag minns alldeles speciellt ett tillfälle när min son nyss fyllt fyra år. Jag skulle hänga tvätt och uppmanade honom att lämna sin lek med bilarna på golvet för att komma och hjälpa till. Jag hade läst att barnet behövde veta att familjen skulle klara sig sämre utan honom. Därför sade jag: "Nu vill jag att du kommer och hjälper till med tvätten. Du är viktig, älskling. Jag klarar det inte lika bra utan dig!" Han lyfte blicken från sina bilar, tittade mig rakt i ögonen och frågade: "Var det där ironi, mamma?"

Barn är lyhörda. De har en inbyggd lögndetektor, som ger utslag när en vuxen människa inte är äkta. Min son, som inte var mycket mer än fyra år, kände det på sig med en gång. I bästa fall blir barnen konfunderade när det händer och tänker att det är konstigt att föräldern inte säger som det är. Troligare är att de upplever olust. Det är lite läskigt att vara med någon som gömmer sig bakom en mask, för vem finns egentligen bakom den där masken? I sämsta fall börjar de tvivla. På sig själva. "Är det något fel på mig? Är det därför den här människan inte säger som det är?"

För min del kom vändpunkten i samband med föräldrakursen som jag nämnde tidigare. Jag hade anmält mig i förhoppning om att laga de sista små sprickorna i mitt alltmer, i eget tycke, perfekta föräldraskap. Istället rämnade hela fasaden när jag plötsligt insåg hur låg tilltro jag hade till mig själv som förälder. Och hur hög tilltro jag hade till Anna Wahlgren. (Låt mig för säkerhets skull betona att inget av det jag beskriver här är avsett som kritik mot Anna Wahlgren. Det jag beskriver är mitt sätt att förhålla mig till Barnaboken och nätforumet.) Nästan varje gång jag hade stött på en utmaning i mitt föräldraskap under de senaste åren hade jag loggat in på nätet eller slagit upp i Barnaboken för att hitta Annas svar, det rätta svaret, på hur jag borde agera.

Kursen uppmuntrade mig att ta ställning till vad som var viktigt *för mig* i mitt föräldraskap. Hur ville jag vara som förälder? Vilka värderingar ville jag förmedla? Och vilka ville jag slänga på sophögen? Det var en lång och delvis smärtsam process där jag omvärderade mycket, översköljdes av både skuld och skam och förtvivlade över att det inte längre fanns ett svar som var rätt, utan att det alltid fanns "å ena sidan" och "å andra sidan" – så många ställningstaganden att göra.

Men ändå. Till slut. Ett eget förhållningssätt! Jag behövde inte längre logga in på nätet för att söka någon annans svar. Jag kunde logga in i mig själv och hitta svaren där. Det kändes stort. Äkta. Disharmonin som jag tidigare känt, som försökt tala om för mig att jag ibland gick emot det jag trodde på, försvann. Inte heller kände jag samma frustration och irritation över att göra saker som jag ogillade. För nu tog jag ansvar för mina val. Jag gjorde det *jag* ville och trodde på och resten struntade jag i.

Min förhoppning när jag skriver den här boken är att du

INLEDNING

skall hitta inspiration och stöd i att ta ställning till vad som är viktigt *för dig* och sedan handla i enlighet med det. Tänk gärna på boken ungefär som en kokbok. När man kört fast i gamla hjulspår och längtar efter nya idéer kan man slå upp i den och finna inspiration. En del förslag lockar, andra inte. Somligt tar man till sig med en gång, precis som det är, och undrar varför man inte kommit att tänka på det själv. Annat ändrar man lite på, anpassar till familjens smak. Ibland utmanar man sig själv och testar nya saker. Ibland vill man bara ha hjälp att tänka lite annorlunda, men inom de gamla trygga ramarna. Det finns mängder av sätt att läsa en kokbok, men jag tvivlar på att det finns någon som läser den från pärm till pärm och sedan gör allt i enlighet med anvisningarna.

Några ord om dåligt samvete

Våra barn är det mest värdefulla vi har. När man ibland upptäcker att det man har gjort eller sagt inte är i linje med vad man skulle önska av sig själv är det därför stor risk att sjunka ner i självkritik och dåligt samvete: "Jag borde inte ha kallat honom korkad!", "Tänk att jag aldrig kan låta bli att anmärka på min dotter!", "Jag borde verkligen leka mer med mina barn!"

Jag kommer att ägna ett helt kapitel i slutet av boken åt frågan hur man kan hantera det tvivel och dåliga samvete som man eventuellt upplever i sitt föräldraskap. Men redan nu vill jag gärna betona det som du och jag och alla andra föräldrar egentligen redan vet: Att vara förälder är fruktansvärt svårt!

Vi vill våra älskade ungar väl, men vad är egentligen bäst för dem? Hur skall man veta det? Och hur skall man få ihop det med vad som också är bäst för andra människor? Och för en själv? Föräldraskapet kommer helt enkelt med betydligt fler frågor än svar.

"Allt det här är ju lättare sagt än gjort! Är du själv verkligen alltid så klok och 'gör rätt' med dina barn?" Jag får ibland den här frågan från föräldrar jag möter i samband med föreläsningar och kurser. Jag gissar att den speglar en oro för att inte räcka till. Kanske en tanke som låter ungefär så här: "Naturligtvis vill jag mitt barn väl, men hur mycket är det egentligen rimligt att begära av en stackars välmenande och kämpande förälder?"

Nej, jag följer inte alltid mina egna råd. Jag lever inte alltid upp till mina egna ideal. Den här boken är ingen beskrivning av mitt eget föräldraskap, åtminstone inte hela. Jag har dagar när jag höjer rösten, när jag inte orkar lyssna och när jag bara önskar att barnen gör som jag säger, utan att ifrågasätta. Och jag tror att det är helt okej. Jag vill att mina barn skall växa upp till trygga individer som gillar sig själva och vet att de duger även om de inte är perfekta. Sådana barn har inget behov av perfekta föräldrar. Vad de behöver är vuxna förebilder. De behöver människor omkring sig, som visserligen vill väl och gör så gott de kan inom rimlighetens ramar, men som också skiljer på rimligt och perfekt. Människor med mål och ideal som de strävar mot – och som är snälla och förlåtande mot sig själva när de inte når hela vägen fram.

1. SJÄLVKÄNSLA

DET FINNS FÅ ORD som används så ofta, i så många olika sammanhang och har en så positiv klang som självkänsla. Alla tycks vara överens om att självkänsla är viktigt. Däremot är man inte lika överens om vad självkänsla egentligen är. Därför vill jag gärna tydliggöra vad jag avser när jag skriver om självkänsla.

Jag utgår från att självkänsla består av två dimensioner. Den första dimensionen rymmer medvetenhet om mig själv: om mina förmågor, mina tankar, mina känslor, mina behov, min lust och mina drömmar. Den andra dimensionen handlar om vilken acceptans jag har för det jag känner till om mig själv. En person med sund självkänsla accepterar sig själv och tycker om sig själv, precis som hon är. Hon upplever att hon duger, med alla sina tankar, känslor och behov. Med all sin lust och längtan. Med alla sina styrkor, men också med sina svagheter.

Självkänslan hämtar näring i samspelet med de människor som betyder allra mest för en. Ett barn vars självkänsla är välutvecklad och sund lever tillsammans med människor som intresserar sig för hennes tankar, känslor och behov, som respekterar henne, som ser och hör henne, som uppskattar henne och tar henne på allvar.* Kort sagt, hon upplever att hon är intressant och värdefull för sina närmaste. Ett barn vars självkänsla sviktar tvivlar däremot på att hon är intressant och värdefull för människorna i sin närmaste omgivning eftersom hon ofta möts av likgiltighet, ifrågasättande, avståndstagande, kritik, ilska eller ironi.

Självkänsla beskrivs ibland som ett vaccin som skyddar individen från att behöva ta illa vid sig av till exempel misslyckanden, motgångar, kritik och ifrågasättande. Jag håller med om den beskrivningen, med reservation för att vaccinet inte ger något komplett skydd. Om jag har en sund självkänsla och du som läsare kritiserar min bok tänker jag kanske att det var trist att jag inte kunde bidra med en mer givande läsupplevelse. Det hade jag gärna velat göra. Samtidigt påverkar din kritik inte den acceptans jag har för mig själv. Jag upplever fortfarande att jag duger och är värdefull. Men skyddet som självkänslan erbjuder är inte totalt. Om jag gång på gång av olika människor jag möter blir kritiserad för mitt språk, mina åsikter, mitt sätt att vara och mina intellektuella och sociala förmågor skadar det till slut min självkänsla. Om jag tillräckligt många gånger får höra att den jag är och det jag gör inte duger kommer jag förmodligen så småningom börja tro att det är sant. Mer kortfattat: en välutvecklad och sund självkänsla är både robust och stabil över tiden, men den är varken osårbar eller konstant.

Det är viktigt att skilja mellan självkänsla och självförtro-

* Jag har genomgående i boken valt att skriva om barnet som "hon" när det inte framgår av sammanhanget vilket kön barnet har.

ende. Enkelt uttryckt kan man säga att självkänsla hör ihop med en människas varande och att självförtroende hör ihop med hennes görande. Att ha gott självförtroende är detsamma som att ha tillit till sin förmåga att prestera, och självförtroendet ökar när man klarar något eller när man får beröm för det man gör. Självförtroendet varierar, till skillnad från självkänslan, mellan olika områden. En person kan således ha gott självförtroende när det gäller vissa saker, till exempel sport och andra fysiska utmaningar, samtidigt som det sviktar med avseende på annat, som att prata inför en grupp eller laga mat.

Även om det på ett teoretiskt plan kan vara meningsfullt att skilja på självkänsla och självförtroende är det långt ifrån lika tydligt i människors vardagliga liv. I praktiken är det många människor som gör en koppling mellan prestation och egenvärde och som tycker om sig själva *på grund av* sina prestationer. Jag vill därför gärna understryka att när jag skriver om hur vuxna kan ge näring åt barns självkänsla avser jag en självkänsla som är oavhängig barnets prestationer.

Varför är självkänsla så viktig?

"Jag duger, precis som jag är. Jag behöver inte göra om mig för att vara värd andra människors kärlek." Att vara trygg i den uppfattningen är förstås värdefullt och viktigt och jag gissar att de allra flesta föräldrar vill skicka med sina barn den tryggheten på vägen genom livet. Men uppfattningen om det egna värdet har också inverkan på en människas förhållningssätt till sig själv, till andra människor och till livets glädjeämnen och utmaningar. Kort sagt, självkänsla spelar roll. Låt mig ge några exempel:

✶ Självkänsla hänger ihop med en människas förmåga att handla *autentiskt*, det vill säga i överensstämmelse med sina egna behov och värderingar, snarare än att handla för att vara andra till lags, undvika straff eller få belöningar. Det är helt enkelt lättare att våga stå för de egna behoven och värderingarna (att till exempel avstå från att dricka alkohol trots kompisarnas tjat) om man själv hyser acceptans för dem, än om man inte gör det.

✶ Nära förknippat med autencitet är *integritet*, det vill säga att be andra respektera de behov man har och att själv agera för att värna dem. ("Var snäll och fråga innan du kramar mig. Jag vill själv kunna välja om jag skall ha kroppskontakt eller inte.") Inte ens för den som känner och accepterar sig själv är det enkelt att göra detta, men det är ändå enklare än vad det är för den som tvivlar på sitt eget värde. För hur skall man kunna tro att de egna behoven är värdefulla då? Hur skall man kunna tro att någon annan är intresserad av och bryr sig om vad man behöver?

✶ Om man vet att man duger som man är vågar man också vara *självständig*, det vill säga ha egna drömmar och gå egna vägar i livet för att förverkliga dem (till exempel välja extramatte på högstadiet fast ingen annan i klassen gör det och många säger att det är "nördigt"). Man vet ju att man är värde-

SJÄLVKÄNSLA

full, oavsett om man är som alla andra eller inte. Men om man tvivlar på att man duger och tror att man måste dölja sitt verkliga jag för att få kärlek och acceptans, då är det olustigt att vara annorlunda. Då går man helst samma vägar som de flesta andra gör och försöker passa in.

✽ *Mod* är förknippat med självkänsla. Att vara modig handlar om att våga vara otillräcklig, att göra saker som man inte säkert vet att man kommer att lyckas med. Om man har en sund självkänsla vet man att man är värdefull oavsett vad man presterar. Därför är det förhållandevis lätt att testa nya saker och riskera misslyckanden (till exempel sjunga solo på skolavslutningen trots att man inte vet vad de andra kommer att tycka). Men om självkänslan sviktar tvivlar man på att man duger som man är och kopplar det egna värdet till vad man presterar. Därför väljer man gärna att prestera på trygga områden, att göra sådant som man räknar med att klara, istället för att utsätta sig för risken att misslyckas. ("Tänk om de andra tycker att jag sjunger dåligt! Det är bäst att jag inte sjunger solo, utan bara är med i kören, som jag brukar vara.")

✽ Den som har en sund självkänsla har, som nämndes tidigare, en medvetenhet om och en acceptans för sina egna känslor. Därigenom blir det också lättare att *våga ge uttryck för alla typer av känslor,* inte bara de socialt mest acceptabla som glädje och tacksamhet, utan även mer tabubelagda som oro, ilska, sorg och rädsla. Om självkänslan sviktar vill man däremot helst undvika att ge uttryck för negativa känslor. Man tänker att det kanske tolkas som tecken på bristande styrka eller misslyckande om man gråter, oroar sig eller är rädd. Därför känns det säkrast att alltid bära en glad mask, oavsett vad som finns bakom.

* Förmågan att skapa relationer präglade av *ömsesidig respekt* är också relaterad till självkänslan. När självkänslan sviktar tvivlar man på att man duger som man är. Det är ganska jobbigt att göra det. Därför kan det vara skönt att hitta andra, som inte heller duger som de är. De får dessutom gärna duga lite mindre än man själv, för då kanske det går att komma upp ett pinnhål eller två på rankingen för egen del? En person med sviktande självkänsla jämför sig därför med andra människor och strävar efter att hitta fel på dem. ("Ha ha! Jag hade bättre på matteprovet än Joar. Han kunde inte ens räkna ut de lätta divisionstalen!") Ibland lyckas man, ibland lyckas man inte, utan hittar istället flest fel på sig själv. ("Nova är mycket bättre än jag på att rita!") Oavsett vilket är förutsättningarna ganska dåliga för att lyckas skapa en relation där man möter både sig själv och den andra parten med respekt. En person med sund självkänsla vet däremot att hon, och alla andra människor, är värdefulla, var och en på sitt sätt. Den som vet det behöver inte jämföra sig och leta fel på dem hon möter för att försäkra sig om sitt eget värde. Då blir det förstås också enklare att utveckla relationer som kännetecknas av ömsesidig respekt.

Självkänsla på silverfat?

Den här boken handlar om hur man som vuxen kan förhålla sig till barn på ett sätt som gagnar deras självkänsla. Låt mig redan här slå fast att självkänsla inte är något som vuxna kan "ge" barn. Jag föreställer mig att barn föds med ett groende frö till självkänsla inom sig. Det vi vuxna *kan* göra är att skapa goda livsbetingelser för detta frö, så att det kan rota sig och växa. Att utveckla en sund självkänsla är *en process hos barnet* som vi föräldrar och andra människor i barnets omgivning kan ge näring till. Tyvärr händer det ibland att vi, i all välmening, gör saker som inte alls är närande för den processen, utan snarare tvärtom.

"I all välmening" skriver jag och det vill jag gärna betona. Jag tror nämligen att vi föräldrar vill våra barn väl. Det mesta vi gör syftar till att hjälpa dem, antingen i stunden eller så att de på lång sikt utvecklas till människor som är omtyckta och accepterade i sociala sammanhang. Vi vill väl och ändå blir det ibland så att det vi gör tär på barnens självkänsla. I den här boken kommer jag att lyfta fram några av de vanligaste situationerna när det händer. Jag hoppas också kunna bidra med inspiration och idéer kring hur man skulle kunna göra istället.

2. DITT BARN – EN ANNAN DU

HUR KAN JAG ge näring åt mitt barns självkänsla? Hur skapar jag kontakt och förtrolighet i relationen till mitt barn? Hur kan jag stötta och uppmuntra mitt barn utan att hon känner sig pressad och tror att hon inte duger som hon är? Hur löser man konflikter utan att kränka, hota eller muta? Detta är frågor som återkommer gång på gång i mina möten med föräldrar på kurser, föreläsningar och i rådgivning, och frågor som jag också kommer att behandla längre fram i boken. Svaren på dem speglar naturligtvis de antaganden man gör om barn och vuxna och om relationerna dem emellan. I det här kapitlet vill jag därför beskriva de antaganden som är mest centrala för mig.

Skillnader och likheter

Det finns många tydliga skillnader mellan barn och vuxna. Vuxna är större (förstås). De har mer pengar, större materiella tillgångar och betydligt mer makt. De har fler ord för att uttrycka sig. De har mer faktakunskaper, betydligt större livserfarenhet och färdigheter som gör att de kan ta hand om sig själva. De har större frihet att fatta beslut om det egna livet, men också förpliktelser och större ansvar.

Dessa och alla andra skillnader som finns mellan barn och vuxna lägger sig ofta i vägen och skymmer att det också finns likheter. Det är synd, för vissa av dessa likheter är betydligt viktigare än skillnaderna. Barn och vuxna är lika genom att de har samma känslor och samma grundläggande behov. Både barn och vuxna upplever sorg, oro, glädje, rädsla, förväntan, ilska, irritation och en massa andra känslor i sina liv. Både barn och vuxna längtar efter och behöver kärlek, närhet, gemenskap, näring, trygghet, omtanke, förståelse, lugn och frihet – för att bara nämna några av de behov som alla människor delar.

Det lär finnas en indianstam där man hälsar på människor man möter med orden "jag är en annan du", som en påminnelse om att vi alla innerst inne är väldigt lika. Tanken om "en annan du" är central i mitt arbete. Jag utgår från att mitt barn är en annan jag. Jag utgår från att ditt barn är en annan du. Barn är ingen annan art som fungerar enligt andra principer än vad föräldrar gör. Om jag inte gillar att bli hotad tror jag inte att mitt barn heller gillar det. Om jag känner mig arg och vill ha mer respekt när min mamma kallar mig för "slarver" gäller detsamma med största sannolikhet mitt barn. Och eftersom tanken på att min partner skulle ge mig en guldstjärna om jag gick ut med soporna känns olustig (jag vill uppleva större likvärdighet än så i vår relation) räknar jag med att guldstjärnesystem är rätt olustigt för mitt barn också. Eftersom jag antar att barn och vuxna i grund och botten är väldigt lika har jag en tydlig princip för de råd jag ger i mitt arbete med föräldrar: Behandla barn på samma sätt som du själv vill bli behandlad. Principen kan förefalla självklar, men jag tycker mig se många vuxna som missar den i jakten på "verktyg och metoder" för att få "fungerande" relationer till barnen.

Jag har svårt att föreställa mig en arbetsplats där chefen utropar ilskna "nej" och "fy" och sätter de anställda på skämspall när de gjort något fel. ("Hur många gånger skall jag behöva säga till dig att inte argumentera emot mig på personalmötena?!") Jag har svårt att föreställa mig ett vårdhem där personalen ignorerar de boende om de "tjatar" om kaffe och belönar dem med glaskulor om de klär på sig själva. ("Snart har du tio kulor Bengt! Då får du en extra bingobricka på fredag.") Förmodligen skulle invändningarna från anställda, vårdtagare och anhöriga inte låta vänta på sig. Rop om bristande respekt, värdighet och värde skulle ljuda vida omkring. Samtidigt vet jag att samma metoder används dagligen i svenska familjer. Flera av dem förespråkas dessutom av barn- och familjepsykologer och finns med i några av de så kallade föräldrastödsprogram som erbjuds (ofta skattesubventionerade) i svenska kommuner. Jag känner mig sorgsen när jag ser att det som är så självklart i relationer mellan vuxna människor inte är lika självklart i relationer mellan vuxna och barn.

Makt och jämlikhet

Det finns inte bara väsentliga likheter mellan barn och vuxna. Ytterligare en utgångspunkt i mitt arbete är att barn och vuxna är lika mycket värda. Barns tankar och barns känslor är lika viktiga och värdefulla som vuxnas. Detsamma gäller barns behov.

Låt mig med en gång göra klart att lika värde inte betyder lika makt. Eftersom barn är beroende av föräldrarnas omsorg uppstår naturligt en maktrelation. I en familj innehas makten av de vuxna och det är precis så det skall vara. Det viktiga är *hur* de vuxna hanterar den makten, att de förhåller sig likvärdigt till barnen.

Likvärdighet vad gäller tankar och känslor tar sig framför allt uttryck i hur vi talar med våra barn. Tar vi deras tankar och känslor på samma allvar som våra egna eller viftar vi bort dem med uttryck som "Nej, du kan inte gärna vara hungrig redan!" och "Det där var väl ändå inget att bli så arg för?" Jag återkommer längre fram i boken till ämnet kommunikation och hur det kan låta när vi tar barnens tankar och känslor på allvar (och hur det kan låta när vi inte gör det).

Redan nu tänkte jag däremot uppehålla mig en stund kring likvärdighet med avseende på barns och vuxnas behov. Vad betyder egentligen mitt påstående att barns och vuxnas behov är lika mycket värda? Vilka konsekvenser får det om man väljer att leva utifrån det?

Familjeliv är ett liv präglat av ständiga konflikter mellan olika familjemedlemmars önskemål. Dessa konflikter tar mycket tankekraft. Skall jag tvinga mitt barn att följa med till sommarstugan trots att hon hellre vill vara hemma och leka med kompisar eller skall jag stanna hemma och missa en skön helg på landet? Skall jag leka med bilar med mitt barn eller skall jag säga som det är, att jag hellre vill läsa tidningen? Vems önskemål är viktigast? Frågan gör sig ständigt påmind. Ibland sätter vi föräldrar våra önskemål framför barnens och ibland gör vi tvärtom. Inget av det känns riktigt bra. Antingen är man egoist eller så är man curlingförälder. Jag menar att man i många fall faktiskt inte behöver vara vare sig det ena eller det andra. Det är ofta möjligt att hitta lösningar som tillgodoser både barnets och den vuxnes behov. Jag skall snart ge exempel på hur det kan se ut i praktiken, men först vill jag presentera tre viktiga antaganden. (Antagandena är centrala i den modell för kommunikation som kallas Nonviolent Communication.*)

ANTAGANDE 1:
ALLT BETEENDE SYFTAR TILL
ATT TILLGODOSE BEHOV

Jag tror att allt vi människor gör, oavsett om vi är barn eller vuxna, syftar till att tillgodose behov som vi har. Jag skriver den här boken för att tillgodose mina behov av att uppleva mening och hopp. Jag gör det också för att jag vill bidra till andra människor (jag vill ju gärna tro att det är någon som läser och uppskattar det jag skriver) och kanske också för att jag vill bli sedd och hörd. Jag ringde min mamma tidigare

* Se till exempel Marshall Rosenbergs bok *Nonviolent Communication. Ett språk för livet*. Svensbyn: Friare Liv Förlag.

idag för att tillgodose mitt behov av kontakt. Och om en stund skall jag plocka undan disken i köket. Det gör jag för att jag har ett behov av att ha ordning omkring mig.

En viktig distinktion i det här sammanhanget är den mellan å ena sidan behov och å andra sidan strategier. *Behov* är generella, oberoende av tidpunkt, plats och person. Alla människor har samma grundläggande behov av till exempel näring, kärlek och gemenskap. Här är några exempel på behov som vi alla har (en lite längre lista finns på sidan 192):

* FYSISKA BEHOV som näring, luft, vatten, beröring, rörelse
* BEHOV AV AUTONOMI/SJÄLVSTÄNDIGHET
* BEHOV AV ÖMSESIDIGHET som närhet, kärlek, kontakt, gemenskap, respekt
* BEHOV AV LEK, SKRATT OCH HUMOR
* "MENTALA" BEHOV som harmoni, lugn, inspiration

För att tillgodose de här behoven använder vi oss av olika *strategier*, det vill säga specifika tillvägagångssätt. Vi har alla till exempel ett behov av näring. En strategi för att få näring, den som de flesta av oss använder, åtminstone här i Sverige, är att handla mat i affären. En annan strategi är att gå på restaurang. Man kan också odla egna grödor. Det är till och med möjligt att göra inbrott hos grannen och stjäla hennes mat. Det är också en strategi, även om grannen förmodligen misstycker.

ANTAGANDE 2:
FLERA TÄNKBARA STRATEGIER FINNS FÖR ATT TILLGODOSE VARJE BEHOV

Anta nu att polisen kommer när jag står med handen i grannens brödlåda. Då skulle de förmodligen inte säga: "Du måste sluta ha behov av näring!" Istället skulle de uppmana mig att hitta ett annat sätt (en annan strategi) att skaffa mat. Detta illustrerar mitt andra antagande: Strategier är utbytbara. Det finns oftast mer än *ett* sätt att tillgodose de behov som vi har. Det finns mer än ett uttryck för kärlek, mer än ett sätt att få gemenskap, mer än en källa till inspiration och så vidare.

ANTAGANDE 3:
KONFLIKTER GÄLLER OFTAST STRATEGIVAL

Konflikter uppstår när människor låser sig vid specifika strategier för att tillgodose behov. Det är ytterst sällan som behov står i konflikt med varandra. Det är de strategier som vi väljer för att tillgodose våra behov som kan hamna i konflikt. Det finns till exempel ingen inneboende konflikt mellan behovet av gemenskap och behovet av frihet. Konflikten uppstår när jag anser att vi skall ha gemenskap i form av familjemiddagar varje vardag klockan sex och mina barn vill värna sin frihet genom att vara ute och leka till halv sju. Det finns ingen inneboende konflikt mellan behovet av ordning och behovet av avslappning. Det är när mina barn *just nu* hellre vill titta på tv (slappa) än att plocka undan sina grejer på köksbordet och jag vill att de skall städa *just nu* som konflikten uppstår.

Lösningar som tillgodoser både barnets och förälderns behov

Om man utgår från dessa tre antaganden när man försöker lösa konflikter får det till följd att man vidgar sitt fokus, från att titta på strategierna till att titta på behoven bakom. Därefter zoomar man in på strateginivå igen och letar efter nya strategier som kan tillgodose *både* barnets och förälderns behov. Ett par exempel kan förhoppningsvis göra det lite tydligare hur jag menar.

Låt oss anta att du vill titta på tv i vardagsrummet. Du gillar att göra det efter middagen en stund varje kväll. Det är avkoppling för dig. Samtidigt vill dina två barn gärna leka med varandra efter middagen. De har varit ifrån varandra hela dagen och längtar efter gemenskap och lek. Allra helst vill de leka högljudda rollekar i vardagsrummet.

Om ni fokuserar på vad ni vill göra är det upplagt för konflikt. Du vill titta på tv (och gärna höra vad som sägs på tv:n) och dina barn vill leka högljutt i samma rum. Antingen kommer du eller barnen (i värsta fall alla tre) att bli förlorare. Om ni istället för ett ögonblick ändrar fokus och tittar på vilka behov som ligger bakom era önskemål är konflikten inte längre oundviklig. Du har behov av avkoppling och dina barn har behov av lek och gemenskap. Frågan blir hur ni kan göra så att alla får vad de behöver. Det finns en uppsjö av möjliga lösningar. Här är några förslag:

* Du kan titta på tv i sovrummet.
* Du kan titta på tv med hörlurar.
* Du kan gå en promenad (om du tillhör dem som tycker att promenader är avkopplande).

* Barnen kan leka i ett annat rum.
* Barnen kan leka en annan, tystare lek.
* Barnen kan gå ut och leka.

"Men om jag sätter mig i ett annat rum följer barnen efter", invänder du kanske. Det tyder på att barnen inte bara har behov av lek och gemenskap, utan dessutom kanske av närhet. Det blir fler behov att ta hänsyn till när ni skall hitta en lösning, men förhållningssättet är detsamma: att hitta de handlingsalternativ som tar hänsyn till alla, eller åtminstone så många behov som möjligt. Kan barnen sitta och titta på tv med dig en stund i soffan (få närhet) och sedan gå till ett annat rum och leka? Kan du ligga i soffan samtidigt som barnen bygger en koja under soffbordet? Kan ni busa en stund på sängen och därefter kan du titta på tv? Finns det någon annan i huset som kan erbjuda en stunds närhet?

När jag presenterar det här sättet att se på konflikter för föräldrar jag möter märker jag många gånger en stor lättnad. Jag minns en pappa jag träffade på en kurs som hade dåligt samvete för att han sällan lekte med bilar tillsammans med sin son. I hans föreställning om en bra pappa ingick att sitta långa stunder på bilmattan och leka biljakt och trafikolycka. I verkligheten avskydde han varje minut han satt där. För honom var det härligt att inse att hans nej till att leka med bilar inte behövde innebära ett nej till pojkens behov av lek och gemenskap. Det var möjligt att både säga ja till pojkens behov och nej till önskemålet om att leka med bilar. Det gällde bara att hitta något att göra tillsammans, som både tillgodosåg pappans behov av meningsfullhet och pojkens behov av lek.

(Genom att tänka så utvecklade de en ny, gemensam favoritlek: att konstruera kulbanor.)

Jag minns också en mamma som berättade att hon länge känt sig usel för att hon och hennes man flera gånger i veckan åt middag efter att barnen gått och lagt sig. Hon längtade efter middagar präglade av samtal och gemenskap, men när verklighetens middagar mer handlade om att skydda sig från kletiga ketchuphänder, torka upp utspilld mjölk och aldrig få prata en hel mening till punkt hade hon till sist gått med på makens önskemål att äta vuxenmiddag när barnen hade somnat på kvällen. Hon uttryckte stor lättnad när hon insåg att det inte alls var liktydigt med att de var dåliga föräldrar, utan att de faktiskt hade tagit hand om familjens behov på ett väldigt bra sätt. Varje kväll hade de en lång nattningsstund med barnen när de pratade om bra och dåliga saker under dagen och på mornarna satt mamman eller pappan oftast en stund i soffan med barnen och pratade om lite vad som helst. Behoven av kontakt och gemenskap blev fyllda, de blev det bara på ett annat sätt än i många andra familjer.

Ibland driver en förälder igenom sitt sätt att tillgodose ett visst behov, på bekostnad av barnets möjligheter att tillgodose ett annat (eller samma) behov. Ibland är det tvärtom: ett barn driver igenom, eller tillåts driva igenom, sitt sätt, på bekostnad av förälderns möjligheter. Det är, som jag har försökt visa, onödigt eftersom det är möjligt att tillgodose alla behov – däremot kanske inte på de specifika sätt, eller vid den specifika tidpunkt, som de inblandade själva skulle föredra. Det är också olyckligt eftersom upplevelsen av att bli tvingad att göra något skadar tilliten och förtroendet i relationen. Viljan till framtida samarbete, att ta hänsyn till alla behov, minskar varje gång som den ena parten kräver att den andra lyder. Om man istället löser en konflikt på sätt som tar alla behov i beaktande ökar de inblandades framtida vilja att samarbeta. Nästa konflikt går lättare att lösa och nästa ännu lättare. Dessutom blir det lättare för barnen att tro att de själva är viktiga och värdefulla om de upplever att de vuxna tar alla behov på lika stort allvar. Att ha ett likvärdigt förhållningssätt och söka lösningar som tillgodoser alla behov innebär därmed att vi ger näring åt självkänslan, inte bara barnens utan faktiskt också vår egen.

Jag är okej och du är okej

Längre fram i boken kommer jag att skriva en hel del om föräldraskapets praktiska färdigheter. Men det räcker inte att föräldrar säger och gör vissa saker för att likvärdiga relationer till barnen skall utvecklas och barnens självkänsla skall få näring. Föräldern måste också ha en uppriktig vilja att skapa ömsesidig kontakt och förståelse gentemot barnet – genom att verkligen försöka förstå barnets känslor och behov och ha modet att berätta om sina egna – och en öppenhet inför att hitta ömsesidigt accepterade lösningar på de konflikter som relationen rymmer.

För att illustrera ett likvärdigt förhållningssätt lånar jag en modell från transaktionsanalysen.* Enligt modellen, som

---

* Se framför allt Berne, Eric (1964) *Games People Play*. London: Penguin och Harris, Thomas (1969) *I'm OK – You're OK*. New York: Harper & Row.

kallas okej-hagen, finns det fyra olika förhållningssätt som vi kan inta i relation till en annan människa. Dessa förhållningssätt, eller positioner som de också kallas, är inte konstanta, utan vi växlar ofta mellan dem. (Därav namnet på modellen, en hage är ju något man hoppar runt i.) Modellen åskådliggörs i form av en fyrfältstabell. På den ena axeln i tabellen finns förhållningssättet till mig själv. Antingen tänker jag att jag är okej eller så tänker jag att jag inte är det. På den andra axeln i tabellen finns förhållningssättet till den andra personen i relationen, kallad "du". Här finns samma två alternativ. Antingen tänker jag att du är okej eller så tänker jag att du inte är det. Okej-hagen är alltså en modell som helt och hållet handlar om de egna tankarna: tankarna om mig själv och tankarna om den andra (dig). Den andra personen har en egen okej-hage som rymmer hennes tankar om sig själv och hennes tankar om den andra.

OKEJ-HAGEN

	JAG ÄR OKEJ	JAG ÄR INTE OKEJ
DU ÄR OKEJ	Ömsesidig respekt	Otillräcklighet
DU ÄR INTE OKEJ	Överlägsenhet	Hjälplöshet, vanmakt

Källa: Modellen som den visas här är en bearbetning av den så kallade OK Corral, som utvecklats av F. H. Ernst.*

* Ernst, Franklin H. (2008) "Getting Well with Transactional Analysis. Get-On-With, Getting Well and Get (to be) Winners" (http://ernstokcorral.com/Publications/Get-On-With monograph.pdf).

Den första positionen i okej-hagen kallas för den sunda positionen. När jag befinner mig i den positionen tänker jag om mig själv att jag är okej och om dig att du är okej. Den dominerande upplevelsen är ömsesidig respekt. Jag respekterar mig själv och jag respekterar dig. Det betyder inte att vi alltid är överens, men det betyder att vi är villiga att försöka förstå varandra och hitta lösningar som tillgodoser bådas behov.

Hur gärna man än skulle önska befinner man sig inte alltid i den sunda positionen. När något händer i vår omgivning eller i oss själva svarar vi ofta på dessa händelser genom att byta position.

I den andra positionen i okej-hagen tänker jag att jag är okej, men att du inte är det. Jag har en upplevelse av överlägsenhet och tänker i motsatspar som är till min fördel. Jag är smart, du är korkad. Jag är flexibel, du är rigid. Jag är välmenande, du är illvillig. Att vi har problem i vår relation anser jag vara ditt fel.

Den tredje positionen kallas för den depressiva. När jag befinner mig i den här positionen tänker jag att jag inte är okej, men att du är okej. Jag ser mig som underlägsen, tänker att jag är otillräcklig och inte duger. Jag tar på mig ansvaret för de problem som finns i relationen och upplever skuld och skam beroende på det.

Den fjärde positionen i okej-hagen är en ganska hopplös historia, för här tänker jag om mig själv att jag inte är okej och om dig att du inte heller är det. När jag befinner mig här upplever jag hjälplöshet, vanmakt eller stark frustration.

För att illustrera hur lätt hänt det är att vi byter position i okej-hagen återberättar jag ibland en händelse i min egen familj. Min son, som vid tillfället var cirka fem år, hade gjort pärlplattor. När han skulle städa välte hinken med plastpärlor och hundratals små pärlor spreds över köksgolvet. "Hoppsan", utbrast jag, än så länge i den respektfulla rutan i okejhagen, "det verkar som om du just fick mer jobb!" Upprört svarade sonen: "Det var inte mitt fel! Det var du som tog fram pärlorna. Jag tänker inte städa!"

Här gick det fort för mig. Utan att jag riktigt förstod hur det hände hade jag hoppat över i rutan där jag var okej, men det var minsann inte min son (rutan med överlägsenhet). Komma här och skylla på mig!? Även om jag inte riktigt minns orden påtalade jag förmodligen precis hur lat jag tyckte att han var. Det gav dock inget synbart resultat, min son satt fortfarande på golvet med armarna i kors. Jag tänkte att det var dags att lära honom en läxa. Därför hämtade jag dammsugaren och förklarade vad som skulle hända om pärlorna inte genast plockades upp. Jag hoppades förstås att hotet skulle förmå honom att städa, men när inget hände började jag suga upp pärlorna med dammsugaren. Redan i det ögonblicket tänkte jag att jag inte var helt okej, men jag tänkte samtidigt att detsamma gällde sonen. Han var inte heller okej (den vanmäktiga rutan).

Sonen började gråta. Han kastade sig ner på golvet och försökte rädda pärlorna från dammsugarens käft. Först tänkte jag att det var viktigt att vara konsekvent, att han minsann skulle få stå sitt kast och därför fortsatte jag suga upp pärlorna. Efter en stund kom samvetet ikapp. Jag såg mitt eget beteende utifrån och jag såg min sons förtvivlan. Vilken hemsk syn! Jag stängde av dammsugaren, bad tusen gånger om ursäkt och började plocka upp pärlor från golvet. När min son gick och hämtade sitt gosedjur, kröp upp i soffan och ville vara ifred satt jag ensam på köksgolvet och tänkte att min älskade son förtjänade en bättre mamma (rutan med otillräcklighet).

Hela händelsen hade inte tagit mycket mer än fem minuter, och ändå hade jag hunnit passera alla fyra rutor. Jag gissar att du kan känna igen dig? Förmodligen inte i just den här händelsen, men i hur fort och lätt man kan byta ruta och förhållningssätt till sig själv och sitt barn.

Jag vill gärna uppmuntra dig som läsare att bära med dig bilden av okej-hagen genom de kommande kapitlen. Jag tror nämligen inte att det räcker att göra och säga vissa saker för att ge näring åt barns självkänsla och utveckla likvärdiga relationer till dem. Det handlar också om *hur* vi säger och göra dessa saker. Annorlunda uttryckt: vi behöver befinna oss i den respektfulla positionen i okej-hagen för att det vi säger och gör skall upplevas som kärleksfullt av barnet och bidra till en kvalitet av likvärdighet i relationen. Man kan säga ack så vackra ord till en annan person och utföra handlingar som, i sig, är hjälpsamma för henne, men ändå förmedla ett budskap som uppfattas som kritiskt. Förklaringen till det är att vi skickar meddelanden i flera kanaler samtidigt. Orden utgör bara en del av kommunikationen. Resten förmedlas med hjälp av kroppsspråk, tonfall och ansiktsuttryck. Pröva själv! Försök att säga "jag är inte sur på dig" och samtidigt med kroppen, tonfallet och ansiktet förmedla att du är väldigt sur. Det är ganska enkelt att göra det, eller hur?

När vi *inte* är i den respektfulla rutan i okej-hagen visar det sig ofta just i vår icke-verbala kommunikation. Ett höjt ögonbryn, ett stråk av irritation i tonen, ett halvt bortvänt ansikte – allt detta uppfattas av den andra personen och påverkar dennes tolkning av det som görs eller sägs. Om man inte har förhållningssättet "jag är okej och du är okej" när man talar och handlar är risken för sändningsstörning överhängande.

Det spelar helt enkelt inte så stor roll om vi behärskar alla föräldraskapets praktiska färdigheter till fulländning om vi inte samtidigt med kroppen, ansiktet och tonfallet visar barnet att "jag hyser respekt för både dig och mig själv" (vilket alltså inte alls är detsamma som att man håller med barnet eller avstår från att uttrycka sina egna känslor och behov).

Men vad gör man om man inte förmår stanna kvar i den respektfulla positionen? Om man till exempel tycker att man själv är okej, men att barnet inte är det? Mitt svar är att man lämpligen gör så lite som möjligt. Många gånger är tiden en avgörande faktor. Bara genom att vänta en stund och reflektera över det som hänt brukar det bli lättare att hitta tillbaka till läget där både man själv och barnet är okej.

Barn gör som vuxna gör

"Barn gör som vi gör och inte som vi säger." Du har säkerligen hört påståendet många gånger. I teorin håller vi alla med. I praktiken är det lätt att glömma bort. När jag skriver det här ler jag lite och minns ett tillfälle när min dotter var ungefär sex år. Det var en morgon när ilskan och irritationen hade slagit läger i vårt hus. Alla var stressade. Alla skällde på varandra. Ingen satt still på sin stol och åt frukost. Jag ville visa barnen deras matsäckar och berätta vilka kläder som var bra att ta med på utflykten, men ingen hörde vad jag sade eftersom min dotter skrek i högan sky över att favorittröjan var smutsig. Det var en sådan morgon som man i efterhand helst vill radera ur minnesbanken. I ren vanmakt höjde jag rösten och skrek till dottern: "Nu får du sluta gapa!" Förvånat tittade hon på mig och sade med alldeles vanlig röst: "Men mamma, om du skriker åt mig så minskar chansen att jag slutar skrika, det fattar du väl? Om man vill att barnen skall göra något så måste man faktiskt göra likadant själv!"

Vare sig vi vill det eller inte är vi föräldrar förebilder för våra barn. Att vi visar våra barn hur viktiga och värdefulla de är och att vi tar deras tankar och känslor på allvar är viktig näring åt deras självkänsla. Men lika viktigt är det att vi tar oss själva på allvar. Om man vill ha barn som lyssnar på sina känslor och vågar uttrycka dem, tror jag inte det funkar att samtidigt gömma sin egen sorg och ilska bakom "det är inget fel alls älskling, jag är bara lite trött". Om man vill ha barn som står upp för sina behov och säger ifrån när något känns fel kan man inte själv stå hukad bakom häcken och muttra ilsket om grannarnas förbrytelser istället för att ta upp problemen direkt med dem. Och om man vill ha barn som vågar uttrycka även impopulära åsikter behöver man själv vara beredd att göra detsamma. Barn gör som vuxna gör.

3. GEMENSKAP OCH INTRESSE I VARDAGEN

ATT FÖRÄLDRAR och andra nära personer har ett uppriktigt intresse för ett barn – att de vill tillbringa tid tillsammans med henne och är nyfikna på henne som person – är en grundförutsättning för att hon skall våga tro på sitt eget värde. För hur skall man våga tro att man duger och är värdefull om dem man älskar väljer bort ens sällskap? Och vad är det som talar för att de egna tankarna, känslorna och behoven är viktiga om de människor som står en närmast inte uppmärksammar dem? I det här kapitlet skall vi titta närmare på hur en förälder, i den dagliga samvaron och i vardagspratet med barnet, kan uttrycka sitt intresse så att båda upplever kontakt och känner sig värdefulla.

Tid för samvaro

Det är egentligen självklart – människor, både barn och vuxna, gläds och mår bra av att uppleva att andra människor njuter i deras sällskap och vill tillbringa sin tid tillsammans med dem. Av den anledningen brukar jag uppmuntra deltagarna på mina föräldrakurser att ägna åtminstone tio minuter varje dag åt att göra något tillsammans med familjen. Leka gömma nyckel, blindbock, charader, läsa en bok, spela tv-spel, dricka te tillsammans eller något helt annat. Vad är inte så noga. De viktiga är att man försöker hitta en aktivitet som alla, eller en stor del av familjen, kan ställa upp på. (Ibland kan det vara svårt, framför allt om man har barn som är spridda i ålder, att samla hela familjen samtidigt.) Tio minuter (man får förstås hålla på längre) utan avbrott för telefonsamtal, sms eller mejl. Tio minuter utan frågor som "Vad åt du till lunch idag?" och "Har du packat gympapåsen för imorgon?". Tio minuter här och nu. Varje dag.

Under mina kurser är det vanligen en månad mellan den första och den andra träffen. Det är fascinerande att efter månadens slut ta del av föräldrarnas berättelser om vad som skett i familjerna. Många föräldrar vittnar om hur barnen tycks ha blivit nöjdare, mer harmoniska och självsäkra. Men inte bara det. Föräldrarna berättar också om hur de själva känner sig nöjdare och hur kontakten med barnen fördjupats. En mamma uttryckte det som att hon och barnen efter att ha varit ifrån varandra under dagen använde de där tio minuterna för att "logga in" i familjen. Efter det var det lättare att föra samtal och byta förtroenden.

"Det är som att vi måste återskapa familjens gemenskap varje kväll för att kunna prata med varandra 'på riktigt'. Det är självklart egentligen, men ändå hade vi helt missat det i vår familj."

Att tid tillsammans är en viktig ingrediens i ett fungerande familjeliv är något som framhålls i så gott som varje bok om föräldraskap. Det som inte sägs lika ofta är att det inte bara är samvaron i sig som har betydelse för relationen mellan barn och vuxna och för barnets självkänsla. Hur inbjudan till samvaro sker är också viktigt.

Jag har lagt märke till att många föräldrar framställer samvaro som ett erbjudande till barnet:

"Jag kan läsa en saga för dig nu om du vill."

"Om du vill spela kort med mig så är det nu det passar!"

Outtalat, men ändå tydligt, hör barnet mellan raderna budskapet: *"Du får gärna vara med mig nu, om du vill."* Jag skulle vilja föreslå att man vänder på det och istället berättar om sin egen längtan att tillbringa tid tillsammans med barnet.

"Kan vi inte sätta oss i soffan och läsa en saga? Jag skulle tycka att det vore väldigt mysigt!"

"Vet du, jag skulle gilla att spela kort med dig en stund. Har du lust?"

Jag tror att den här inbjudan till samvaro – när föräldern visar att hon *vill* vara med barnet och inte bara *erbjuder sig* att vara det – är betydligt mer värdefull för barnet. Det är härligare att höra att andra människor vill vara tillsammans med en, än att höra att de kan tänka sig att vara det. För att illustrera det gör jag ibland jämförelsen med att min man skulle säga:

"Jag kan ha sex med dig ikväll om du vill." Personligen blir jag inte så sugen. Upplevelsen av ömsesidighet och likvärdighet är viktig för mig. Därför föredrar jag att höra: "Jag längtar efter att ha sex med dig ikväll. Har du lust?"

Jag har ibland funderat över hur det kommer sig att en del av oss föräldrar uttrycker vår inbjudan till samvaro med barnen som ett erbjudande, snarare än som ett önskemål. Handlar det om att det är just ett erbjudande? Att vi "ställer upp" om barnen absolut vill, men att vi själva inte är så angelägna om att umgås? Ibland är det säkert så, men jag tror faktiskt att det oftare handlar om att vi försöker undvika en diffus känsla av skam. Att berätta att man vill vara med en annan person är att ta en risk. Risken att bli avvisad, att den andra personen säger nej. För att slippa upplevelsen att bli avvisad av det egna barnet avstår vi från att "avslöja oss". Vi berättar inte att vi vill vara med barnen, bara att vi kan tänka oss att vara det. Baksidan av det blir att barnen faktiskt inte får reda på hur gärna vi egentligen vill vara tillsammans med dem.

Utifrån det jag skrivit hittills kan man kanske få uppfattningen att samvaro mellan barn och vuxna alltid måste ske kring en *rolig* aktivitet. Många föräldrar jag möter tycks också tro det. Därför stressar de undan med matlagningen, disken, tvätten och allt annat som behöver göras i ett hushåll för att hinna vara med barnen. Efteråt. Sedan. Men föräldrar och barn *måste* inte mötas i lek, spel eller underhållning. De kan mötas över en tvättkorg eller en diskbalja också. Det viktiga är mötet. Kontakten. Att bli sedd och hörd.

Nu är det visserligen långt ifrån säkert att ett barn spontant tackar ja till en inbjudan om att sortera tvätt, men jag tror att det kan vara värdefullt för barnet att höra föräldern säga:

"Vet du, jag skall ta hand om tvätten nu. Jag skulle gilla jättemycket om du ville följa med till tvättstugan så kan vi snacka lite samtidigt."

Det är härligt att höra "jag vill ha dig med, jag gillar ditt sällskap". Det gör det lite lättare att våga tro att man är värdefull.

Vardagsprat

Lika självklart som det är att barnen mår bra av att vuxna uppskattar deras sällskap, lika självklart är det att de mår bra av att vuxna samtalar med dem och uttrycker sitt uppriktiga intresse. Jag är övertygad om att intresse är något som de flesta föräldrar och andra vuxna försöker signalera i sitt vardagliga prat med barnen. Ändå tvivlar jag ibland på att det är vad barnen upplever.

Visa intresse för barnet

För att förklara vad jag menar vill jag börja med att beskriva min föreställning om människan. Jag brukar tänka att vi människor består av flera lager, att vi är som ryska trädockor. Längst in finns en solid kärna. Jag kallar henne för en "human being". Hon rymmer människans värderingar, tankar och känslor. Här finns också hennes behov, längtan och drömmar. Denna kärna omges av ett skal, en "human doing".

MED KÄNSLA FÖR BARNS SJÄLVKÄNSLA

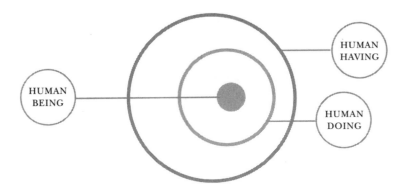

Här framhåller människan sina handlingar. Detta skal omges av ytterligare ett skal, en "human having". Här visar hon upp sina yttre attribut, det hon äger och har.

När jag lyssnar på vad vuxna säger till barn i syfte att uttrycka intresse och skapa kontakt tycker jag mig märka att det ofta handlar om det barnet gör (human doing) och de saker hon har (human having). Mer sällan handlar vuxnas kommentarer och frågor om barnens tankar, känslor och längtan. Jag har också lagt märke till att vuxna är mer benägna att bedöma och värdera det som barn berättar eller visar, än vad de är att fråga barnet om det.

Titta på sammanställningen på nästa sida. Den visar sex tänkbara sätt att bemöta ett barn som pratar om och visar sitt lego. Den vuxne kan göra en bedömning av legot, av barnets sätt att hantera lego eller av barnet. Hon kan också visa intresse för legot, för barnets sätt att hantera legot eller för barnet.

	BEDÖMNING	INTRESSE
SAKEN	Vilket coolt lego! Men oj, vilken massa bitar du har!	Berätta om figurerna! Hur många figurer har du? Var kommer de ifrån?
PRESTATIONEN	Vad duktig du är på att bygga med lego! Vad fint du har byggt!	Berätta vad du håller på med! Hur gjorde du för att bygga den här bron?
BARNET	Det är helt rätt att gilla lego! Det gjorde jag också när jag var i din ålder.	Vad är det bästa med lego, tycker du? Vilken figur skulle du vilja vara? Hur tror du att den där gubben känner sig när han kör monstertrucken?

Jag upplever att vuxna ofta väljer uttryck som passar i någon av de två övre rutorna till vänster. De uttalar bedömningar antingen om legot som sådant ("Vilket coolt lego!") eller om barnets förmåga att bygga med legot ("Vad duktig du är på att bygga med lego!").

Jag ser ett par risker med det här sättet att prata. En första är att bedömningar inte riktigt bidrar till att skapa kontakt och förtrolighet mellan barn och vuxen, något som de båda oftast skulle önska att de hade. Den vuxne bär på en längtan att få tillträde till barnets inre liv: Vad funderar hon på? Vad oroar hon sig för? Vad drömmer hon om? Barnets längtan handlar om en kärleksfull människa att dela sina tankar, känslor och upplevelser med. Ingen av dem får vad de behöver när barnets ord möts av den vuxnes bedömningar (alldeles oavsett hur positiva dessa bedömningar är).

– *Titta på mitt legoskepp mamma!*

– *Wow, vad coolt!*

– *Jag har ritat en teckning!*

– *Åh vad fin den är! Du är verkligen duktig på att rita.*

– *Vet du vad Sofie i skolan sade till mig idag?*

Hon sade att min cykel är ful!

– *Det var inte speciellt snällt sagt!*

Bedömningar skapar ingen djupare kontakt. De bjuder inte in till samtal. Bedömningar följs av utropstecken eller punkt och markerar slutet, snarare än början på ett samtal.

Det som skapar kontakt är intresse och öppenhet. Kontakt drivs framåt genom nyfikna, empatiska och utmanande frågor, genom engagerade försök att förstå den andres perspektiv, men också genom en villighet att berätta om sitt eget perspektiv. (Och stå för att det är just *det egna* och inte *det enda rätta.*)

– *Titta på mitt legoskepp mamma!*

– *Gärna! Kan du berätta för mig om det?*

– *Det har fyra kanoner och hemlig avlyssningsutrustning.*

– *Åh! Tänk att kunna lyssna på vad andra säger utan att de vet om att man gör det ... Skulle du vilja använda den där utrustningen?*

– *Ja, för att höra när du och pappa pratar om julklappar! Och kanske för att lyssna på Elina och Viktor ... Ibland tror jag att de hittar på en massa knäppa historier tillsammans. Att de fantiserar och ljuger.*

– *Jaha. Vad tycker du om det?*

– *Jag vet inte. Men visst får man inte ljuga egentligen?*

– *Det är väl inte precis förbjudet att hitta på knäppa historier, men jag gillar inte när människor ljuger. Jag vill kunna lita på att det andra berättar är sant. Är det så för dig med?*

– *Ja, så är det! Vet du att en gång ...*

Varje gång barnen berättar om något som hänt eller visar något de gjort föreställer jag mig att de bjuder in till kontakt och förtrolighet. Det är som att de gläntar på dörren till sitt hjärta. I det läget kan vi vuxna välja mellan att med hjälp av intresserade frågor ta steget över tröskeln eller att fälla ett kort omdöme – "vad coolt", "vad duktig du är", "det var inte så snällt" – och passera förbi utanför.

En annan risk när vuxna lägger fokus på barnets prestationer och prylar är att barnets självbild, och i förlängningen också barnets självkänsla, påverkas. De vuxna ser inte främst till kärnan i barnet (vem hon är), utan intresserar sig för hennes omgivande skal, hennes human doing och human having. Men kärnan behöver näring. Barnet behöver bli sett och mött med respekt, för den hon är. Om hon inte blir det kommer kärnan i henne efterhand att urholkas och hon börjar tro att hon *är* det hon presterar och det hon äger.

För en person som tror att hon är det hon presterar och äger blir tanken på att misslyckas förstås oroväckande eftersom hon misstänker att det också skulle betyda att hon är misslyckad och värdelös som människa. Därför blir ofta drivkraften att prestera och äga stor, samtidigt som utrymmet att vila och återhämta sig krymper. Det är knappast någon djärv hypotes att stressrelaterade sjukdomar och utbrändhet är vanligare bland dem som fått lära sig att en människas värde ligger i vad hon presterar än bland dem som fått lära sig att en människa är värdefull som hon är.

Vill du att ditt barn skall veta att hon är värdefull som hon är? Visa ditt intresse för vem hon är! Vad tänker, känner, längtar efter och drömmer hon om?

— Jag är här, pappa! Högst upp i trädet!

— Jag ser dig, älskling! Ser världen likadan ut där uppifrån som från marken?

— Vi fick tillbaka matteproven idag. Jag hade alla rätt!

— Grattis! Vad tänkte du när du såg det?

— Titta! Jag har gjort en teckning!

— Nämen, har du gjort en teckning till?! Jag vill gärna veta lite om den. Har du lust att berätta?

— Det är en luftballong!

— Vart är den på väg?

— Till Italien. De skall köpa pizza.

— Jag blir nyfiken: Om du hade en luftballong, vart skulle du flyga med den då?

— Till Legoland! Med dig.

— Vad skulle vi göra när vi var där?

— Kolla på lego. Och åka karuseller. Och äta glass. Och du skulle kunna dricka kaffe!

Dela glädje och sorg
Men vänta nu, säger du kanske. Barn behöver väl beröm? Nog behöver de få höra att de är duktiga och presterar bra, eller?

Ja, jag tror att barn behöver få höra att det är duktiga och att det de gör är bra – om de blir bedömda. Om man blir bedömd av andra är det tvekläst skönt att få en positiv bedömning då och då. *Men varför skall vi vuxna över huvud taget bedöma barnen?* Barn ritar och bygger för att de gillar att vara kreativa. De cyklar och klättrar för att de behöver utmaning och rörelse. De lär sig att ta på kläder och hantera kniv och gaffel för att de har en längtan att klara sig själva. Helt naturligt gläds de när de lyckas och sörjer när de misslyckas. (Det är sådant som barnen gör för sin egen skull som jag skriver om i det här avsnittet. I kapitel 6 skriver jag om hur man kan uttrycka sin uppskattning när barnen gör saker för att bidra till människor i sin omgivning, till exempel erbjuder sig att diska eller se efter ett yngre syskon.)

Genom att ständigt bedöma barnen riskerar dessa att så småningom bli beroende av beröm som bekräftelse och därför frågar de också efter det: "Visst var jag duktig som lärde mig cykla idag?" Men det skulle förmodligen vara mer vilsamt för dem om vuxna bara delade deras känslor – gladdes med dem när de var glada och sörjde med dem när de var ledsna – för bakom varje positiv bedömning lurar också hotet om en negativ. Den lilla flickan som lär sig cykla och får höra att hon är "duktig" vet precis vad hon är när hon kör i diket dagen därpå. Även om de vuxna förstås inte säger det rakt ut drar hon slutsatsen själv. Var hon duktig när hon lärde sig cykla måste det ju betyda att hon är dålig när hon kör i diket och välter. Därför tror jag att hon egentligen skulle gilla mer om de vuxna deltog i hennes firande och intresserade sig för hennes upplevelse när hon tar sina första vingliga tramptag:

"*Grattis! Du cyklade själv! Vad tänkte du när du märkte det!?*"

Nästa dag när hon kör i diket blir det bara ytterligare en upplevelse att dela:

"*Hoppsan! Du körde i diket! Hur var det att göra det?*"

Ge personlig feedback
Så nej, jag tror inte att barn behöver beröm i form av förment objektiva utsagor om hur de, deras prestationer och ägodelar *är*. Däremot tror jag att barn gillar och behöver få bekräftelse på hur de *påverkar oss* vuxna.

"*Jag känner mig glad när jag ser dig cykla själv! Jag vet hur mycket du längtat efter att lära dig det!*"

"*Tack för armbandet, älskling! Jag tycker om att ha det på mig eftersom det påminner mig om dig.*"

"*När jag ser den här teckningen på kojan kommer jag att tänka på när jag var liten och byggde kojor med min bästa kompis. Det är härliga minnen för mig!*"

"*Jag känner mig lite illa till mods när jag ser att du byggt en legopistol. Jag tänker på att det finns riktiga pistoler som kan användas för att döda. Vad tänker du om det?*"

Genom utsagor som dessa visar vi vuxna oss som hela människor. Människor med egna funderingar, känslor och behov. Människor som tillåter sig att bli berörda av andra människor, både stora och små. Barn älskar det och tar intryck av det. Det är härligt att veta att de man lever tillsammans med också har funderingar, känslor och behov. Det är lättare att våga visa sig själv som en hel människa om man lever med vuxna som gör just det.

Ställ frågor som engagerar
Ärligt talat, hur mycket uppriktigt intresse signalerar föräldrars obligatoriska frågor?

"Hur har du haft det på dagis idag?"

"Vem lekte du med?"

"Vad fick ni till lunch?"

Att dag ut och dag in ställa samma fråga, i samma tonläge, vid ungefär samma tidpunkt skulle kunna tolkas som slentrianmässigt och pliktskyldigt, snarare än intresserat. Förmodligen är det också därför frågor som dessa brukar besvaras tämligen fåordigt av barnen.

Jag brukar tipsa föräldrar jag möter om att ställa nya frågor till barnen. Frågor som engagerar och berör. Frågor som tyder på uppriktigt intresse och nyfikenhet. Frågor som man inte på förhand vet svaret på.

"Vad skulle du hitta på om du var osynlig en dag?"

"Hur vill du bli tröstad när du är ledsen?"

"Jag läste i tidningen att många lärare behandlar pojkar och flickor olika. Tycker du att de gör det i din skola?"

Berätta om dig själv

Att vuxnas kommunikation med barn präglas av frågor och uppriktigt intresse är viktigt men inte tillräckligt för att skapa ömsesidig kontakt. Det uppstår ingen verklig kontakt mellan två personer om det alltid är den ena som frågar och den andra som svarar. Det blir på sin höjd en trevlig intervju. Därför behöver föräldrar som längtar efter kontakt också berätta om sig själva. Om sådant som gläder, engagerar, berör och bekymrar. Exempelvis kan man, istället för att ägna varje promenad hem från förskolan åt en utfrågning om barnets dag, använda åtminstone en del av tiden till att berätta om sin egen:

"Vet du att idag har jag haft det bra på jobbet! I morse kändes det inte riktigt som om jag ville gå dit. Jag var trött och ville helst bara vara hemma och slappa. Men när jag kom till jobbet började jag med att fika tillsammans med mina kompisar Shirin och Anders och efter det kändes allting liksom mycket roligare igen. Jag är verkligen glad för att jag har så härliga kompisar på mitt jobb!"

Barn behöver uppleva ett genuint intresse från människor i sin omgivning. Men de behöver också uppleva att dessa människor är verkliga. Att de också bär på tankar och känslor, lust och längtan. Och att de är villiga att berätta.

4. DEN VIKTIGA VARFÖR-FRÅGAN

TÄNK DIG ATT ditt barn gråter och klagar över ont i magen. Du tar med henne till doktorn och den första frågan på dina läppar är förstås "Varför?" Varför har hon så ont i magen? Vad är orsaken till de symtom hon uppvisar? Du vill förstå och du vill att doktorn skall förstå, eller hur?

Det fascinerar mig att den fråga som är så självklar att ställa först av allt på läkarmottagningen ofta lyser med sin frånvaro på min mottagning, där jag träffar föräldrar och vuxna som arbetar med barn. Den första frågan jag får är nästan alltid "Vad gör man åt …?"

> *"Min son strular vid nästan varje nattning. Han vägrar ligga kvar i sängen och springer upp åtminstone fem gånger varje kväll. Vad gör man åt det?"*

> *"Min dotter vägrar göra sina läxor. Har du något tips på vad man gör åt det?"*

> *"En elev i min klass stör ofta på lektionerna genom att sitta och prata och kasta suddgummi. Hur hanterar man det?"*

Åh, vad jag önskar att undran vore densamma som på läkarmottagningen: "Varför?"

"Hjälp mig att förstå varför min son inte vill ligga kvar i sängen!"

"Hjälp mig att förstå varför min dotter inte vill göra sina läxor!"

"Hjälp mig att förstå varför min elev stör på lektionerna!"

Jag tror nämligen inte att man inte kan hitta en långsiktigt hållbar och gentemot alla inblandade respektfull lösning på dessa och andra problem i vuxen-barn-relationen förrän man förstår varför de uppkommer. Lika lite som jag tror att värktabletter kan bota magont eller huvudvärk. De kan tillfälligt ta bort symtomen, men orsaken finns kvar och riskerar att så småningom ta sig nya och mer smärtsamma uttryck.

När jag får frågan vad man gör åt ett återkommande problem i relationen till barn (det jag skriver om här är just återkommande problem, det vill säga situationer som upprepas ofta i relationen, vilket gäller merparten av de problem vi har med våra barn) svarar jag nästan alltid med en motfråga:

– Varför tror du att barnet gör som hon gör? Eller annorlunda uttryckt: Vilket behov tror du att hon försöker tillgodose genom att göra som hon gör?

Frågan brukar väcka undran: "Hur då behov?"

DEN VIKTIGA VARFÖR-FRÅGAN

– *Jo, säger jag. Jag tror att allt vi människor gör, oavsett om vi är barn eller vuxna, syftar till att tillgodose behov som vi har. Du ställde den här frågan till mig nu för att du längtar efter hjälp, är det inte så?*

– *Jo ...*

– *Du hälsade på mig när du kom in i rummet förut, var det för att du ville ha kontakt?*

– *Ja, det var det väl antagligen.*

– *När du kommer hem kanske du skall äta lite? Förmodligen för att du har behov av näring?*

– *Mm, det har jag ju ...*

– *Jag tror att ditt barn är rätt likt dig. Jag tror att hon också försöker tillgodose behov med hjälp av sitt beteende.*

Tanken att det finns ett eller flera grundläggande behov bakom varje beteende som barnet har är många gånger ny för de vuxna jag pratar med. (På sidan 192 finns en lista med exempel på grundläggande mänskliga behov.) De flesta av oss är inte så vana vid att fundera på vilka behov andra människor har. Vi funderar ju knappt ens på vilka behov vi själva har. För att illustrera hur jag tänker kring det här med behov skall jag i det följande resonera kring några vanliga problemsituationer i familjelivet.

Exempel: nattningsstrul

Föreställ dig ett barn, vi säger en fyra-femårig pojke, som kväll efter kväll kommer upp efter nattningen. Först är han törstig, sedan förstås kissnödig, därnäst letar han efter sitt gosedjur och efter det är det ytterligare ett antal vändor innan han slutligen kommer till ro och somnar.

Om pojkens föräldrar sökte hjälp hos mig skulle vi börja med att tillsammans resonera kring *varför* han kan tänkas gå upp ur sängen så många gånger. Vilket (eller vilka) behov försöker han tillgodose genom att göra som han gör? Kanske skulle våra funderingar gå i någon av dessa banor:

* Är det så att pojken inte är tillräckligt trött och har behov av mer stimulans och aktivitet innan han kan somna?
* Handlar det om att han vill ha närhet och gemenskap?
* Kanske är han rädd och vill känna större trygghet än han gör?
* Eller är det så att det här barnet längtar efter att ta mer ansvar för och bestämma mer över sitt liv än vad han tillåts göra?

Om vi istället – utan att ta pojkens behov i beaktande – skulle ha gått rakt på frågan hur man kan förmå honom att ligga kvar i sängen hade det förmodligen verkat rimligt att försöka tillämpa någon av de "metoder" som ibland förespråkas av olika så kallade barnexperter. Föräldrarna skulle exempelvis kunna använda en belöningsmetod som innebär att barnet får ett klistermärke för varje kväll som han ligger kvar i sängen. De skulle också kunna försöka att helt ignorera barnet när han lämnar sängen, hota med time-out eller dataspelsförbud.

Det är fullt möjligt, till och med troligt, att någon av dessa metoder skulle kunna förmå pojken att ligga kvar i sängen. Det som bekymrar mig är hur barnet upplever det att bli föremål för en sådan metod. Jag tror inte att han upplever att han blir vare sig förstådd, respekterad eller tagen på allvar. Tvärtom. Jag tror att han upplever att föräldrarna inte försöker förstå honom. Jag tror att han upplever att de struntar i vad som är viktigt för honom. Och jag tror att det i sin tur gör det svårt för honom att tro att han är viktig och värdefull för sina föräldrar. Kort sagt, det tär på pojkens självkänsla. Inte heller hjälper dylika metoder honom att få sitt behov tillgodosett – det där behovet som pockar på uppmärksamhet och som är anledningen till att han har svårt att ligga kvar i sängen.

Om föräldrarna istället tar utgångspunkt i frågan om pojkens behov blir sättet att förhålla sig till att han inte vill ligga kvar i sängen ett helt annat. När de gjort en kvalificerad gissning av vilket behov det är som han försöker tillgodose genom att lämna sängen blir min nästa fråga till dem:

"Hur kan ni hjälpa barnet att tillgodose det här behovet på ett annat sätt? Ett sätt som är acceptabelt för både barnet och er vuxna?"

Om föräldrarna gissar att barnet kväll efter kväll kommer upp för att han inte är trött och längtar efter mer aktivitet behöver de se över de vardagliga rutinerna. Nattar man kanske pojken för tidigt på kvällen, innan han är trött? Sover han för länge på morgonen, så att han inte är trött på kvällen? Hur kan man hjälpa honom att tillgodose behovet av stimulerande aktiviteter under dagen? Om det blir fyllt på dagen behöver han ju inte försöka ta hand om det på kvällen, när han egentligen skulle må bra av att sova.

Om föräldrarna tror att barnet kommer upp på kvällen för att han längtar efter närhet och gemenskap behöver de se över hur de behoven blir tillgodosedda under resten av dagen. Är det möjligen så att när barnet kommer hem från förskolan eller skolan har föräldrarna en enda lång räcka av "måsten" att klara av? Matlagning, tvätt, läxläsning med storebror och städning? Frågan blir i detta fall vid vilken tidpunkt på kvällen som det går att planera in samvaro, gemenskap och närhet. Om de behoven är tillgodosedda när det är dags för nattning behöver ju barnet inte gå ur sängen för att ordna med det.

Om föräldrarna spekulerar kring att barnet kommer upp på kvällen för att han vill ha mer trygghet behöver de fokusera på det. Om barnet är tillräckligt stort för att ha ett språk kan de fråga honom vad han behöver för att känna sig mer trygg än han gör. Om han ännu inte kan uttrycka sig språkligt får de gissa och pröva sig fram. Tänd lampa? Ett gosedjur som vaktar vid dörren? Musik på låg volym för att stänga ute läskiga ljud? Somna i mammas och pappas säng? Sova i samma rum som storebror? (Kanske säger barnet att han vill ha en förälder bredvid sig när han somnar. Om föräldern inte är villig att ställa upp på det betyder det inte att hon måste förvägra sitt barn trygghet. Det betyder att man gemensamt behöver fortsätta letandet tills dess att man hittar *ett annat sätt* att hjälpa barnet att känna sig tryggt. Det finns alltid mer än ett sätt att tillgodose ett behov.)

Om föräldrarna tror att barnet kommer upp för att han längtar efter större självbestämmande är det där som fokus behöver ligga. Kanske är föräldrarna tveksamma till att låta pojken lägga sig senare eftersom de är måna om att han får den sömn de tror att han behöver. I så fall blir frågan hur de kan ge honom större inflytande på andra områden i sitt liv. Kan de släppa på kontrollen när det gäller hans val av kläder? Mat? Andra rutiner? Om barnet får påverka sitt liv i andra, för honom viktiga, avseenden kan han kanske somna nöjd, i förvissning om att han ändå är sedd som en duglig individ, som en som kan ta ansvar för sitt eget liv.

Exempel: stressiga morgnar

> *"Jag fattar inte hur många gånger jag skall behöva säga till min sexåring att skolan börjar kvart över åtta och att vi måste gå hemifrån senast åtta för att hinna. Jag har säkert sagt till henne tusen gånger, men det går bara inte in!"*

Är barn dumma? Ibland när jag lyssnar på vad föräldrar säger om sina barn tycks den slutsatsen ligga nära till hands. Har man sagt till sitt barn tusen gånger borde hon ju verkligen ha förstått, eller hur?! När jag träffar föräldrar och pedagoger i vägledning kring ett problem i vuxen-barn-relationen ställer jag därför ofta två frågor:

✻ Saknar barnet information om vad den vuxne önskar?
✻ Saknar barnet förmåga att förstå den vuxnes önskemål?

Svaren på det här båda frågorna är oftast nekande. Barnet både vet och förstår vad den vuxne önskar. Barnets beteende har således andra orsaker än informationsbrist. I linje med det krävs förstås andra åtgärder än mer information (tjat och påminnelser) för att förmå barnet att förändra sitt beteende.

Föreställ dig att du just har tankat bilen. På utfarten från bensinmacken stannar den plötsligt. Din första åtgärd i det läget blir knappast att rulla fram till tankstolpen och fylla på mer bensin. För en sak vet du ju säkert och det är att det inte är tomt i bensintanken. Jag förvånas ibland över att det som är så självklart för oss när det gäller våra bilar inte är lika självklart när det gäller barnen. När barnen inte gör som vi vill tankar vi i dem ytterligare lite information och så lite till och så lite till, trots att vi egentligen vet att det inte är tomt i tanken. De har all information de behöver – och mer därtill.

Låt oss stanna ett tag vid exemplet med flickan som inte blir klar i tid till skolan. Det är en vanlig situation i många familjer varje morgon. Barnet är långsamt. Hon klär på sig långsamt, borstar håret långsamt, äter långsamt, hittar inte skolväskan och när hon äntligen är på väg ut genom dörren kommer hon på att hon glömt någon livsviktig leksak.

Vad skall en stressad och frustrerad förälder ta sig till i denna situation? Istället för att fortsätta påminna dottern om det hon redan vet kan föräldrarna sätta flickans behov i fokus och reflektera över anledningen till att hon tar så god tid på sig. Vilket behov är det hon värnar om? Är det kanske så att hon är trött på morgonen och behöver lugn och ro och gott om tid för att bli klar? Ogillar hon skolan och är orolig för att gå dit? Eller längtar hon efter närhet och kontakt med sina föräldrar och har kommit på att bästa sättet att få det på morgonen är att vara långsam? När hon är det har hon ständigt en förälder i hasorna, men när hon sköter sig själv skiftar föräldrarna fokus till förmån för morgontidningen eller högen av disk på köksbänken.

När föräldrarna får klart för sig varför dottern gör som hon gör, vilket behov det är hon försöker tillgodose, får de förutsättningar för att hitta en lösning som tar hänsyn till både hennes och deras behov. Om hon behöver mer tid på morgonen kan de kanske ställa väckarklockan så att den ringer tidigare? Om hon ogillar skolan behöver de kanske prata med hennes lärare och rektor om hur man kan förändra hennes skolsituation? Om hon längtar efter närhet och kontakt skulle det kanske hjälpa om någon av föräldrarna sitter en stund på hennes sängkant och pratar varje morgon eller att de försöker äta frukost tillsammans?

Exempel: trots

Säg ordet "trots" och många föräldrar suckar uppgivet. "Det är bara att bita ihop och härda ut" tycks vara en ganska vanlig uppfattning. "Det är en fas som alla barn skall gå igenom. Enda trösten är att den så småningom tar slut."
Vad är trots egentligen? Ibland beskrivs det som ett inre tvång hos barnet att ifrågasätta allt och göra tvärtemot, bara för att hon har förstått att hon kan. Jag har inte så mycket till övers för en sådan beskrivning av trots. Jag tror att bakom de beteenden som vi vuxna benämner som trotsiga finns, precis som när det gäller alla andra beteenden, otillfredsställda behov. Barnets trotsiga beteende är barnets försök att tillgodose ett eller flera behov. Ett trotsigt barn är ett barn som behöver större inflytande över sitt eget liv, som vill ta ansvar för sin egen person, som längtar efter att se sig själv och bli sedd som en kapabel och kompetent individ.

Just den här typen av behov ökar radikalt och nästan över en natt vid några tillfällen i livet: första gången i två-treårsåldern, sedan igen i sexårsåldern och ytterligare en gång i tonåren. När barnet då plötsligt en morgon säger "Kan själv!" och "Vill själv!" gäller det för oss föräldrar att hänga med i svängarna och möta detta större behov av självständighet med öppenhet och välkomnande. Tyvärr är vi sällan så kvicka till omställning. Istället för "Härligt älskling, klart du skall göra det själv!" kommer över läpparna ett högst spontant "Nämen det kan du ju inte alls det!" Den danske familjeterapeuten Jesper Juul har uttryckt det träffsäkert i boken

Ditt kompetenta barn*: "Det är föräldrarna, inte barnen, som trotsar. Barnen blir självständiga och de vuxna blir trotsiga."

"Nej!!!"

"Kan själv!!!"

"Jag vill inte!"

"Jag vägrar!"

"Varför skall du alltid bestämma allt?"

"Du bestämmer inte över mig!"

En vanlig föräldrareaktion på de uttryck som barns trots tar sig är tanken att det krävs större tydlighet och mer gränssättning. Jag hör ganska ofta föräldrar och pedagoger säga att "ett trotsigt barn behöver gränser". Därför inför de (fler) regler som det trotsiga barnet skall följa och utfärdar (fler) kännbara sanktioner när så inte sker. Jag menar att detta många gånger är olyckligt eftersom det innebär att man inte tar hänsyn till de behov som ligger bakom barnets beteenden: behov av självständighet i olika former. Ett barn som vägrar, hotar, tvingar, ljuger och får utbrott är (ofta, men naturligtvis inte alltid) ett barn som längtar efter större självständighet, mer inflytande över sitt eget liv, och som inte känner till något bättre sätt att få det än att trotsa.

När föräldrarna möter dessa beteenden med fler regler

---

* Juul, Jesper (1997) *Ditt kompetenta barn*. Stockholm: Wahlström & Widstrand.

och hårdare sanktioner blir barnets självständighet förstås ännu mer kringskuren än vad den var tidigare. En del barn reagerar med underkastelse, vilket kan se positivt ut på ytan, men samtidigt innebär att barnet inte får den självständighet hon behöver. Andra barn reagerar med att bli ännu mer trotsiga och upproriska i ett försök att få sin hett efterlängtade självständighet, varpå föräldrarna tänker: "Det var då sjutton att ungen inte kan göra som jag säger!" och knyter nätet kring barnet ännu hårdare. Ännu fler regler. Ännu fler sanktioner. Och barnet blir ännu mer upproriskt. Så håller det på. En ständig kamp där barnet söker frihet och självständighet och föräldrarna svarar med gränser. En kamp som tär på självkänslan, både barnets och den vuxnes.

Gränssättning är inte den enda traditionellt använda metoden för att bemöta barns trots. Andra vanliga metoder som vuxna tar till är att avleda barnets uppmärksamhet, att ignorera det trotsiga beteendet och att låta barnet "lugna ner sig" på en för ändamålet avsedd plats. Dessa metoder är behäftade med samma grundläggande problem: de tar inte hänsyn till barnets bakomliggande behov. Metoderna används i syfte att förmå barnet att upphöra med sitt, i omgivningens ögon, negativa beteende. Däremot ger de inte barnet stöd i att få behovet av självständighet tillgodosett. Resultatet blir ett frö av tvivel hos barnet: "Är jag värd att bli tagen på allvar?"

Vad kan man som förälder göra istället när man lever med ett barn som man upplever som trotsigt? Jo, man kan ta barnets behov på allvar och fundera över hur hon kan få stöd i att tillgodose det! Barnet försöker berätta att hon längtar efter mer inflytande över och ansvar för sitt eget liv, att hon vill kunna se sig själv och bli sedd och mött som en kapabel och kompetent individ. Nej, du kanske inte tycker att det är någon bra idé att låta barnet utforska om din plånbok kan simma i toaletten och du vill inte byta plats i soffan en femte gång för att barnet ändrat sig om var hon vill sitta. Att ta barnets behov på allvar är inte liktydigt med att låta henne göra som hon vill. Att ta barnets behov på allvar handlar om att möta både henne och hennes önskemål med respekt och att hitta lösningar som tillgodoser *alla* behov. (Hur det kan se ut när man möter barnet – och sig själv – på ett sådant sätt skriver jag mer om i kapitel 5 och 6).

Men att ta barnets behov på allvar handlar också om att reflektera över barnets hela livssituation. Vilka möjligheter har barnet att tillgodose behoven av inflytande, autonomi och duglighet i sitt liv? Behöver hon kanske fler möjligheter? Nya möjligheter? Hur kan du i så fall hjälpa henne med det? Här nedan ställer jag fyra frågor till dig att reflektera över. (Du kan också med fördel ställa frågorna till ditt barn.)

✶ *Bestämmer du över sådant som barnet egentligen kan bestämma över själv?* Den här frågan ställer jag ofta till föräldrarna på mina kurser. Jag brukar också uppmuntra dem att prata med varandra och jämföra: Vad får din treåring bestämma själv och hur funkar det? Femåringen? Tonåringen? Inte sällan blir föräldrarna medvetna om att de faktiskt av gammal vana bestämmer över en hel del saker som barnen själva är mogna att ta ansvar för. Någon kommer på att hon fortfarande bestämmer vad barnet skall klä på sig varje morgon fastän barnet är fullt kompetent att fatta det beslutet själv, någon annan blir varse att barnet självt kan bestämma när under kvällen hon vill duscha och ytterligare någon annan inser att det kan vara på tiden att inkludera barnet i besluten om vilken mat som skall serveras till middag. Men skall barn verkligen få vara med och bestämma om allt mellan himmel och jord? Kan det inte bli för många beslut för barnen att fatta? Detta är en invändning som jag möter ibland. Svaret är att jo, naturligtvis kan det bli för mycket. Barn, precis som vuxna, upplever stress när de ställs inför många beslut. Men de mår också dåligt av att inte kunna påverka beslut som berör dem. Som med allt annat i livet gäller det att hitta en fungerande balans.

✶ *Får barnet ta ansvar och bidra till familjen?* Att ta ansvar och bidra till familjen påverkar barnets upplevelse av att vara kapabel och kompetent och alla barn gillar att göra det (under förutsättning att de kan göra det frivilligt). Därför kan det vara klokt att göra sig själv medveten om i vilken utsträckning barnet faktiskt ges möjlighet att ta ansvar och bidra i familjen. Hur möter du barnets initiativ när hon erbjuder sig att göra saker hemma eller att hjälpa dig? Hur ofta bjuder du in barnet till delaktighet och visar att du uppskattar samarbete? Fråga också gärna barnet om det finns något som hon skulle vilja ta ansvar för. Vattna blommorna, ta in posten, ställa skorna i ordning på skohyllan, plocka ur diskmaskinen, påminna om lillasysters vitamindroppar – man kan få alla möjliga svar.

✶ *Tillit eller misstro till barnets kompetens? Vad säger du egentligen?* Det är svårt att uppleva sig själv som duglig och kapabel om man omges av människor som tycks tro motsatsen. Därför är det viktigt att vi vuxna gör oss medvetna om vilka förväntningar som skiner igenom när vi pratar. Uttrycker vi tillit eller misstro?

> *"Akta så du inte ramlar i trappan!"*
>
> *"Ta det försiktigt med mjölken nu så du inte spiller!"*
>
> *"Det är lika bra att jag låser upp dörren, det klarar du ändå aldrig."*

Graden av tillit visar sig inte bara i våra uppmaningar och förmaningar, den visar sig också i vad vi ber barnet att göra. Barn uppskattar när vuxna ber dem göra saker som tyder på att vi tror att de kan ta ansvar. (Däremot får vi inte ge dem så mycket ansvar att det känns betungande. Återigen, det handlar om att hitta en lagom balans.) Gå in och köpa en liter mjölk i affären medan du väntar utanför? Svara i telefonen? Låsa bilen? Sköta låneapparaten på biblioteket? Hämta saker i mataffären? Servera chips till alla gäster på släktmiddagen? Få egen dörrnyckel? Ta bussen hem själv från skolan? Vad uppfattar ditt barn som tecken på att du har tillit till henne?

✶ *Gör du något för ditt barn som hon kan lära sig att göra själv?* Ju mer ett barn kan och klarar desto mer kapabel och kompetent upplever hon sig vara. Det är en anledning till att ta ett steg tillbaka och reflektera över vad man gör för sitt barn, som hon egentligen skulle kunna göra själv. Och sedan låta henne göra det själv.

Jag minns när min son var nästan fem år och jag tog det där steget tillbaka och blev medveten om att jag fortfarande bredde hans smörgås varje morgon:

– *Vet du, jag har kommit på att jag smörar din macka! Det är ju lite knasigt att jag gör det, för det gissar jag att du både kan och vill göra själv egentligen?*

– *Får jag det!? Men tänk om jag inte kan?*

Hans förvånade fråga sved lite i hjärtat. Det jag till en början gjort av omtanke och senare av gammal vana hade han med tiden kommit att tolka som ett uttryck för misstro.

Förstå först och handla sedan

Föräldrar och andra vuxna är ofta väldigt lösningsinriktade när det gäller problem och konflikter med barn. De ser ett beteende de ogillar hos barnet och undrar hur de skall göra för att förmå barnet att upphöra med beteendet. Som jag har försökt visa i det här kapitlet finns det en viktig fråga som bör ställas innan man agerar: Vilket behov försöker barnet tillgodose med hjälp av sitt beteende? Förståelse före handling!

Det finns flera finesser med att försöka förstå barnets beteende. För det första ger förståelsen en möjlighet att förebygga många problem och konflikter. För visst är det så att de allra flesta utmaningar vi möter i föräldraskapet är återkommande? Bråk om tandborstningen, konflikter vid maten, tjafs om läxläsningen – om vi kan förstå varför dessa och andra problem och konflikter uppkommer gång på gång har vi också, i många fall, möjlighet att förebygga att de uppkommer igen. Om vi till exempel anar att barnet, som var och varannan dag säger att hon inte vill äta middag, försöker tillgodose sitt behov av att bli sedd (man får ofta mycket mer uppmärksamhet när man inte äter än när man äter) kan vi lägga oss vinn om ge henne kärleksfull och intresserad uppmärksamhet före måltiden.

Den andra finessen med att söka förståelse för ett problem innan man agerar, är att det blir lättare att hitta en fungerande och respektfull lösning. Eftersom det inte finns *en* orsak till varje typ av problem finns det förstås inte heller *en* lösning. Ta syskonbråk som exempel. I en familj kanske barnen bråkar med varandra för att nå inflytande och kontroll. I en annan familj kanske bråken grundar sig i barnens behov av kontakt. (Barnen har lärt sig att syskonbråk är ett mycket effektivt sätt att få föräldrarnas fulla uppmärksamhet.) I en tredje familj handlar bråken om respekt. Något barn upplever att hon är sårad (kanske i skolan eller av föräldrarna) och försöker hantera det genom att såra vidare. Det förefaller rimligt att tänka sig att den mest ändamålsenliga lösningen inte ser likadan ut i de olika familjerna, eller hur?

Den tredje finessen med att försöka förstå vilka behov som ligger bakom barnets beteende är förstås att det bidrar till barnets upplevelse av att vara värdefull. Det är skön näring åt barnets självkänsla att uppleva att föräldrar och andra viktiga vuxna vill förstå, vill respektera och vill stötta.

5. LYSSNA – UTAN ATT IFRÅGASÄTTA ELLER KRITISERA

– Jag tänker inte leka med Erik och Anton någon mer gång. De säger alltid att jag är elak.

– Oj, har det varit så här länge?

– Ja, ganska.

– Hur har det blivit så här mellan er?

– Jag vet inte.

– Du vet inte varför de säger att du är elak?

– Nä. (Gråt)

– Men du ... har du sagt till fröken?

– Nä.

– Det måste du ju göra om barnen är dumma mot dig!

– Men! Du fattar ju inte ett skit!!!

– Vad menar du? Kom tillbaka, älskling, så vi får prata klart!

Mitt i det förtroliga samtalet reser sig pojken från köksbordet och rusar ut. Mamman sitter förvånat kvar och undrar vad som gick fel den här gången. Efter en stund känner hon ett stygn av irritation. Hon försöker verkligen förstå och stötta men ändå blir han ofta arg när hon försöker hjälpa till. Vad begär han egentligen?! Sedan märker hon också en sorg. Det var ju inte så här det skulle bli. Hon skulle ha en nära och fin kontakt med sin son. Han skulle berätta allt för henne och låta henne hjälpa.

Om den här mamman kom för samtalsrådgivning hos mig skulle hon förmodligen säga att hon behöver hjälp med att *prata* med sin son om hans problem och utmaningar. Att hon inte når fram till honom. Så uttrycker sig de flesta föräldrar när kommunikationen inte fungerar och kontakten inte är lika nära och förtrolig som de skulle önska. Det visar sig nästan alltid att det första föräldrarna behöver göra är att lära sig att *lyssna* på sina barn. Barn är nämligen inte särskilt intresserade av att vare sig prata med eller lyssna på föräldrarna om inte föräldrarna lyssnar på dem.

När jag berättar för föräldrar jag möter att de behöver lära sig lyssna på sina barn blir de ofta förvånade. De flesta föräldrar tror att de är goda lyssnare. De surfar inte på nätet samtidigt som barnen pratar. Inte heller läser de tidningen, tittar på tv eller gör något annat. Tvärtom sitter de mittemot barnen och ger dem sin fulla uppmärksamhet. Och så påstår jag att de behöver bli bättre på att lyssna!?

Låt mig börja med att förklara vad jag menar med "lyssna". Att lyssna är något helt annat än att höra. Det vet alla som anklagat sin partner för att inte lyssna. För när partnern svarar på anklagelsen med att upprepa det senast sagda: "Jag lyssnar visst, du sade att din mamma lägger sig i ditt liv för mycket!" betyder det inte att man känner sig nöjd, eller hur? Att lyssna, som jag definierar det, handlar om att försöka sätta sig in i den andra människans situation, att vilja förstå hur hon upplever den. Vad känner hon? Vad är viktigt för henne i relation till det hon berättar om? Och att respektera det. (Vilket inte alls betyder att man måste hålla med eller ge henne det hon vill. Att respektera betyder bara att man lyssnar utan att ifrågasätta och kritisera.)

Det är just detta jag menar att många föräldrar behöver öva sig på. Att försöka förstå vad barnen menar med det de säger. Att försöka förstå vad barnen känner och vad som är viktigt för dem och att dessutom visa respekt för det. Jag tycker mig nämligen se många föräldrar som i samtal med barnen är fullt upptagna med att tänka ut hur de skall reagera på och bemöta det som barnen säger, istället för att verkligen försöka förstå vad barnet som berättar känner och behöver.

Dialogen mellan mamman och pojken i början av det här kapitlet tror jag är ett exempel på en ganska vanlig dialog mellan föräldrar och barn. Mamman sitter mittemot pojken, de har ögonkontakt och turas om att prata. Hon anser förmodligen att hon lyssnar när han berättar om sitt problem. Ändå upplever pojken det inte så. Han hör inget i det mamman säger som tyder på att hon försöker förstå hans upplevelse. Däremot hör han att hon försöker klarlägga orsak och verkan ("Hur har det blivit så här mellan er?") och att hon har förslag på lösningar ("Du måste säga till fröken!"). Men analyser och lösningsförslag är han inte mottaglig för. Han bryr sig faktiskt inte alls om hur mycket hans mamma vet, innan han vet hur mycket hon bryr sig. Det är när hon visar att hon försöker förstå vad han känner och behöver som han upplever att hon bryr sig.

De tio vanligaste svaren

När jag arbetar med föräldrar som vill lära sig nya sätt att kommunicera börjar jag alltid med att synliggöra de gamla invanda sätten och tillsammans med föräldrarna reflektera kring varför de inte bidrar till att skapa den efterlängtade förtroligheten och kontakten med barnen.

När barn berättar som sådant som bekymrar dem finns det tio vanliga föräldrareaktioner, *som barnen kan tolka som att föräldern inte lyssnar.* Innan jag presenterar listan på dessa reaktioner vill jag ge dig som läser stöd i att identifiera dina vanligaste reaktioner. Plocka därför fram en penna och skriv ner ditt spontana svar till vart och ett av de tre barn som uttalar sig här nedan. Undvik att försöka hitta "det rätta svaret" eller vara mer pedagogisk än du brukar. Syftet med övningen är att du skall bli uppmärksam på din egna vanemässiga kommunikation. Skriv därför ner det svar som först kommer till dig.

Kasper som är tio år säger:

"Peter i skolan retar mig för att jag leker med tjejer! Han tycker inte om mig. Och jag tycker att han är en skitskalle!"

Ella som är sex år har aldrig velat gå på barnkalas utan att ha en förälder med sig, men förra månaden gick hon faktiskt på ett kalas ensam och det gick bra. Nu har hon fått en ny kalasinbjudan och säger:

"Jag tänker inte gå på Svantes kalas. Han har säkert inte bjudit någon jag känner."

Jonas som är åtta år brukar gå till skolan med glädje. Plötsligt en morgon deklarerar han:

"Jag vägrar att gå till skolan idag. Och du kan inte tvinga mig!"

Här nedan kommer nu listan på tio vanliga typer av föräldrasvar när barn berättar om sina problem eller utmaningar. (Jämför med dina egna svar till dessa tre barn och se om de passar in i någon eller några av kategorierna.)

BEFALLA
"Nu får du sluta klaga på Peter! Jag är trött på att lyssna på det."

"Du har varit på ett kalas ensam och det gick bra! Nu vill jag att du slutar gnälla så fort det kommer en ny kalasinbjudan."

"Klart du måste gå till skolan! Det är inget snack om saken. Klä på dig nu!"

GE RÅD
"Om någon retar dig tycker jag att du skall säga till fröken med en gång!"

"Du kan väl fråga Svante imorgon vilka han har bjudit?"

"Du tänker bara på det som är dåligt i skolan. Försök fokusera på allt som är bra istället!"

HOTA/VARNA
"Om du fortsätter prata om Peter som en skitskalle kommer han nog att börja ogilla dig på riktigt."

"Om du inte går på några kalas kommer dina kompisar snart att sluta bjuda dig."

"Om du inte går till skolan måste fröken ringa polisen eftersom vi har skolplikt i det här landet."

KRITISERA
"Du är så gnällig!"

"Det är faktiskt rätt larvigt att du inte kan gå på ett kalas ensam när du är sex år!"

"Du tänker fel! Jag kan visst tvinga dig."

FÖRMILDRA
"Det är säkert inte så illa menat. Det är klart att han tycker om dig!"

"Jag är säker på att de andra barnen som kommer på kalaset är jättesnälla!"

"Jag förstår att du inte vill gå, men det känns säkert bra när du väl kommit dit."

FÖRHÖRA
"Jaha, och vad har du gjort mot Peter då?"

"Och hur vet du att han bara bjudit sådana som du inte känner?"

"Och vad får dig att tro att du kan välja att stanna hemma?"

DISTRAHERA
"Nu tycker jag vi struntar i att tänka på Peter. Vill du ha en glass istället?"

"Det är en hel vecka kvar tills du måste svara om du kommer på kalaset. Först är det ju hattparad på dagis! Har du bestämt om du vill ha en grön eller en lila hatt?"

"Oj, oj, oj, nu måste vi åka för annars hinner inte jag till jobbet. Vet du att jag skall träffa en farbror som sitter i rullstol idag?"

PSYKOLOGISERA
"Du är bara så där arg på Peter just nu för att du är trött. Du skall se att allt känns bättre imorgon när du är utvilad!"

"Jag tror inte att du har någon aning om vilka
Svante bjudit. Så där säger du bara för att du är
blyg för att gå på kalas."

"Så där säger du bara för att du är nervös för
matteprovet!"

MORALISERA
"Det är inte okej att kalla en kompis för skitskalle!"

"Man kan inte tacka nej till ett kalas bara för att
man inte vet om man känner de andra gästerna!"

"Man måste faktiskt gå till skolan, vi har skolplikt
i det här landet!"

IRONISERA
"Om du kämpar lite kanske du kan klämma
fram några tårar också!? Så att jag verkligen fattar hur hemsk Peter är ..."

"Mm, jag förstår att du är rädd. Svantes kompisar är säkert monster och häxor allihop!"

"Nej, du tänker förstås jobba med datorer när
du är stor och då behöver man väl inte kunna
räkna och läsa, så det är klart att du kan stanna
hemma från skolan ..."

Hur gick det? Kan du placera in dina egna svar i någon eller
några av kategorierna? De allra flesta föräldrar jag möter
på kurser och i vägledning hittar sina svar till Kasper, Ella

och Jonas i någon eller flera av dessa kategorier. När jag ber föräldrar reflektera mer allmänt över hur de bemöter sina barns oro och bekymmer brukar de kryssa för tre–fyra typer av svar som de känner igen att de ofta ger sina barn. Ungefär lika många svarstyper brukar de känna igen att de ibland ger sina barn. Vanligen hittar de också ett par typer av svar som de mycket sällan eller aldrig ger.

Barn kan tolka dessa svar som att föräldrarna inte lyssnar och de kan tolka in budskap som föräldrarna inte haft för avsikt att förmedla. Låt mig ge ett exempel. När jag fortfarande bodde hemma hos mina föräldrar lånade jag ibland deras bil. Varje gång det hade snöat sade min mamma: "Ta det försiktigt nu! Tänk på att det är halt när det har snöat!" Hon sade det förstås i allra största välmening eftersom hon är rädd om mig. Ändå kände jag mig irriterad, för jag tyckte mig också höra ett annat budskap bakom orden: "Jag litar inte riktigt på att du fattar att det är halt när det har snöat, trots att jag redan har sagt det till dig massor av gånger!" Mitt svar blev därför inte det min mamma hoppats på och förväntat sig. Istället svarade jag snäsigt: "Jag *fattar* faktiskt det, mamma!"

På samma sätt som jag upplevde att det fanns kritik bakom min mammas uppmaning menar jag att barn kan tro sig uppfatta bakomliggande meddelanden i föräldrareaktionerna jag listat ovan. Här nedan finns exempel på vad barnen kan uppleva att föräldern säger mellan raderna:

> BEFALLA: "Det är jag som bestämmer hur du skall lösa dina problem!"

GE RÅD: "Jag vet bättre än du hur du skall lösa dina problem."

HOTA/VARNA: "Om du fattar dina egna beslut kommer det att få negativa konsekvenser som jag vet mer om än du."

KRITISERA: "Det är fel på dig." "Du duger inte." "Jag är inte nöjd med dig."

FÖRMILDRA: "Du känner fel."

FÖRHÖRA: "Du måste ha gjort något fel, annars skulle det inte ha blivit så här." "Dina antaganden är förmodligen felaktiga."

DISTRAHERA: "Jag tror inte att du kan stå ut med ditt obehag." "Jag står inte ut med att lyssna på ditt obehag." "Dina känslor är inte viktiga."

PSYKOLOGISERA: "Jag vet bättre än du varför du känner som du gör."

MORALISERA: "Mina värderingar är de rätta." "Du har fel värderingar." "Jag vet bättre än du vad som är rätt och fel."

IRONISERA: "Du överdriver." "Dina känslor är löjliga." "Du har fel perspektiv."

En del föräldrar reagerar med upprördhet när jag pratar om vilka budskap barnen kanske uppfattar. "Det är ju inte alls min avsikt att tala om för henne att jag vet bättre eller att hon inte har rätt att känna!" Så är det förstås. När vi föräldrar ger den här typen av svar till våra barn sker det i välmening. Vi vill hjälpa barnen, lindra deras lidande, få dem att känna sig bättre, förklara sådant som kan vara svårt att förstå eller ge dem perspektiv. Dessvärre är det inte alls säkert att det är så barnen uppfattar det vi säger.

Föreställ dig att du under en tid haft det väldigt stressigt på jobbet. Du har fått flera nya arbetsuppgifter, men inte tillräcklig utbildning för att klara dem på ett sätt som känns tillfredsställande för dig. Du har sagt till din chef flera gånger och hon har lovat att du skall få den utbildning du behöver, men inget har hänt. Idag tog du återigen upp frågan med chefen. Hennes svar svider fortfarande i dig: "Om du inte klarar av jobbet är det kanske bäst att du söker dig någon annanstans." Vid middagen samma kväll berättar du hela historien för din partner och avslutar med: "Jag vet faktiskt inte vad jag skall ta mig till. Jag börjar misstänka att min chef är en komplett galning!" Din partner bemöter, i all välmening, ditt uttalande på något av de sätt som föräldrar traditionellt bemöter sina barn. Jag ger exempel på svar här nedan. Är det lätt eller svårt för dig att uppfatta omtanken och välmeningen i svar som dessa?

BEFALLA: "Men sluta gnälla nu!"

GE RÅD: "Jag tycker att du skall gå raka vägen in på chefens kontor på måndag och säga upp dig."

HOTA/VARNA: "Du måste se till att du får den utbildning du behöver, annars kommer du förmodligen att få sparken."

KRITISERA: "Du är alltid så dramatisk."

FÖRMILDRA: "Det är säkert ingen fara. Hon har nog lugnat ner sig efter helgen skall du se."

FÖRHÖRA: "Och vad sade du som fick henne att reagera så?"

DISTRAHERA: "Vi pratar inte mer om ditt jobb nu älskling! Skall vi inte öppna en flaska vin och titta på en film istället?"

PSYKOLOGISERA: "Så där säger du bara för att du är trött just nu."

MORALISERA: "Jag tycker inte om att du kallar andra människor för 'galning'!"

IRONISERA: "Oj, oj, jag antar att jorden går under nu …"

Skapa kontakt

Det sägs att hälften av god kommunikation är att undvika dålig kommunikation. Nu vet du alltså vad du bör undvika om du vill att ditt barn skall uppleva att du verkligen lyssnar när hon berättar om sina bekymmer. Det är dags att titta på hur man kan göra istället, om man vill att barnet skall uppleva att man försöker förstå och respekterar henne. Jag kommer i det följande att presentera en modell i tre steg, där det första steget handlar om lyssnande, det andra om problemlösning och det tredje om uppföljning. (I nästa kapitel kommer jag att skriva om hur man kan uttrycka sina egna känslor och behov, vilket också kan behövas för att skapa ömsesidig kontakt och förståelse.) Jag vill gärna betona att den här modellen är tänkt som ett stöd för att skapa kontakt och ömsesidig förståelse mellan människor. *Det är kontakten som är viktigast, inte modellen.* Modellen är indelad i steg för att bidra med tydlighet och struktur till dig som läser. I verkliga livet kommer du säkerligen att hoppa fram och tillbaka mellan stegen och uttrycka dig på andra sätt än de jag föreslagit. Bra! Det är när du hittar din egen modell som kontakten kan bli äkta.

Steg 1: Lyssna med empati
"Jag lyssnar på dig! Jag försöker förstå vad du menar, vad du känner, behöver och vill ha och jag hyser respekt för det." Från den här utgångspunkten tror jag de flesta av oss, oavsett om vi är vuxna eller barn, skulle önska att vi blev bemötta när vi berättar om bekymmer och utmaningar. Det här är också utgångspunkten i det som kallas för empatiskt lyss-

nande. (Vill du läsa mer rekommenderar jag att du börjar med *Nonviolent communication. Ett språk för livet* av Marshall Rosenberg* eller *Aktivt föräldraskap* av Thomas Gordon**.) Att lyssna med empati på ett barn innebär att man lyssnar bortom orden som barnet uttalar och försöker uppfatta:

✲ Vilken/vilka känslor har barnet?
✲ Vad är det barnet försöker berätta att hon behöver?

Förälderns fokus ligger på *barnets* inre värld, inte på den egna. Man lyssnar på barnet som om man fått en inbjudan att se vilken längtan som rör sig i hennes hjärta. Istället för att sända ett eget budskap stämmer man av med barnet om man har uppfattat hennes längtan som den ser ut *för henne*. Här är exempel på hur empatiskt lyssnande föräldrar skulle kunna bemöta Kasper, Ella och Jonas uttalanden tidigare i kapitlet:

– Peter i skolan retar mig för att jag leker med tjejer! Han tycker inte om mig. Och jag tycker att han är en skitskalle!

– Jag gissar att du är arg? Att du vill kunna leka med vem du vill utan att bli retad för det?

– Jag tänker inte gå på Svantes kalas. Han har säkert inte bjudit någon jag känner.

---

* Rosenberg, Marshall (2003) *Nonviolent Communication. Ett språk för livet.* Svensbyn: Friare Liv Förlag.
** Gordon, Thomas (1975) *Aktivt föräldraskap.* Stockholm: Askild & Kärnekull.

– Känner du dig orolig? Handlar det om att du vill vara trygg när du kommer på kalaset?

– Jag vägrar att gå till skolan idag. Och du kan inte tvinga mig!

– Oj, du låter arg!? Jag antar att det här berör något som är jätteviktigt för dig? Vill du berätta mer?

Vad föräldrarna i de här exemplen gör är alltså att gissa vilken eller vilka känslor som finns bortom orden och att gissa vilket eller vilka behov det är som barnet längtar efter att få tillgodosett (en lista med exempel på känslor och behov som alla människor har finns på sidorna 191 och 192). Sedan klär de sina gissningar i ord och ber barnen om återkoppling.

När föräldern gissar upplever barnet att föräldern lyssnar och försöker förstå. Eftersom frågan inte innehåller kritik eller ifrågasättande (under förutsättning att föräldern är i den respektfulla rutan i okej-hagen, sidan 38) upplever barnet också att föräldern har respekt för hennes känslor och behov. För Kasper som berättar att han blivit retad av Peter och att Peter därför är en skitskalle gör det med andra ord stor skillnad om föräldern avstår från att säga: "Jag vill inte att du kallar din kompis för skitskalle!" utan istället säger: "Jag gissar att du är arg? Att du vill kunna leka med vem du vill utan att bli retad för det?" I det första fallet upplever Kasper att han blir tillrättavisad och risken finns därför att han avstår från att berätta mer. I det andra fallet upplever han att föräldern försöker förstå och respekterar honom, vilket troligen kommer att bidra till att han öppnar sig än mer.

Här är ytterligare några exempel på hur det kan låta när en förälder gissar vilka känslor och/eller behov som finns bortom orden barnen säger:

– Jag tror att fröken tycker bättre om Fadime än om mig. Hon kramar ofta henne, men hon kramar aldrig mig.

– Är du fundersam och vill förstå varför det är så? Längtar du också efter att bli kramad oftare?

– I år vill jag inte ha ett så tråkigt kalas som jag fick förra året.

– Du låter bestämd på att du vill känna mer glädje på ditt kalas än vad du gjorde förra året?

– Nicole lånade pengar av mig och nu säger hon att hon inte tänker betala tillbaka!

– Jag gissar att du är besviken eftersom du vill kunna lita på andra människor? Är du förvirrad också eftersom du inte vet hur du skall hantera situationen?

– Jag vill inte gå på gympan någon mer gång. Alla bara retar mig för att jag är tjock!

– Du låter ledsen? Jag antar att du vill bli förstådd i hur attans jobbigt det är att bli retad?

– Jag kan inte sova. Det är ett monster i garderoben.

*– Är du rädd och vill ha hjälp så att du kan känna
dig trygg när du skall sova?*

Och sedan då? Vad gör man när man gissat vad barnet känner och behöver? Då inväntar man barnets respons och lyssnar återigen bortom orden: Vilka känslor och behov finns där? Här följer ett exempel på en dialog mellan Kasper och hans pappa där pappan lyssnar med empati på det Kasper säger:

– Peter i skolan retar mig för att jag leker med tjejer! Han tycker inte om mig. Och jag tycker att han är en skitskalle!

– Jag gissar att du är arg? Att du vill kunna leka med vem du vill utan att bli retad för det?

– Ja! Vet du, att igår sade han att jag har tjejbaciller. Och att jag är en liten mes som alltid gråter.

– Du vill ha mer respekt än så va!?

– Mm ... Fast jag grät faktiskt igår när jag inte fick vara med och spela fotboll. Matchen hade redan börjat när jag kom, så de sade att jag var tvungen att vänta tills nästa match.

– Jag antar att du blev besviken då? Att du gärna ville vara med och ha kul?

– Mm, fast sedan kom Lisa och frågade om vi inte kunde leka istället. Så då lekte jag i klätterställningen med henne. Sedan lekte vi på fritids också.

– Är du glad för att det ändå blev bra till slut?

– Ja, Lisa är snäll.

I det här samtalet väljer pappan att helt fokusera på Kaspers upplevelser och vilka känslor och behov som döljer sig bakom det han berättar. Pappan avstår från att ha en egen plan för samtalet, han låter det glida i den riktning Kasper väljer. Pappan ger heller inte uttryck för några egna känslor eller behov utan lägger allt sitt fokus på att förstå Kasper.

Steg 2: Ställa lösningsfokuserade frågor
När barnet möts av empatiskt lyssnande händer det många gånger att hon säger: "Ja, så är det" och sedan går sin väg, mitt i samtalet (tycker vi föräldrar). Förvånat står vi kvar och ropar: "Men går du nu!? Vi har ju inte kommit fram till vad du skall göra?" I det här läget tror jag att det är viktigt att ta ett djupt andetag och fundera över vem det är som har ett problem och vem som bär ansvaret för att lösa det.

När jag möter föräldrar och pedagoger på kurser och i samtal pratar vi ofta om barns ansvar för att lösa sina problem. Jag har hittills inte träffat på en enda vuxen som lockas av tanken på att ta ansvar för barnens problemlösning när de passerat tonåren. De allra flesta vuxna vill bidra till att barnen lär sig att ta ansvar för att lösa sina egna problem och hantera alla de jobbiga upplevelser som är en del av själva livet. Nu är det som bekant så att övning ger färdighet. När barnet tillåts möta och hantera sina egna utmaningar växer så småningom hennes självförtroende och förmågan att ta eget ansvar utvecklas. Därför är det viktigt att inte ta tillfällena till lärande ifrån barnen, utan istället låta dem behålla ansvaret för sina problem. Det betyder att man bör respektera att barnet lämnar samtalet utan att ha kommit fram till en lösning. Problemet är barnets. Vill hon inte ha hjälp att formulera en åtgärdsplan är det hennes val – och knappast heller ett särskilt överraskande val. För faktum är att den främsta anledningen till att vi människor berättar om våra besvikelser, problem och utmaningar för andra människor är att vi längtar efter att dela med oss av det som rör sig i våra hjärtan. Vi vill bli förstådda. Det är långtifrån alltid som vi vill ha andra människors hjälp att formulera en åtgärdsplan. (Och vill vi det brukar vi ändå gilla att få förståelse först.)

Låt mig för säkerhets skull påpeka att det naturligtvis finns situationer där vi vuxna behöver gripa in och hjälpa barnen, även om de själva inte ber om hjälp eller uttryckligen säger att de inte vill ha vår hjälp. (Jag tänker till exempel på när barn är utsatta för mobbning eller olika former av destruktivt grupptryck.) Med hänsyn till barns integritet och självständighet, menar jag samtidigt att det finns anledning att tänka till både en och två gånger innan man som vuxen tar steget att hjälpa ett barn som inte bett om hjälp.

Även om barn oftast "bara" vill berätta och mötas av förståelse kan man ibland märka att de *också* vill ha hjälp att resonera kring lösningar på de utmaningar de står inför. Att hjälpa barn med det, samtidigt som man låter dem behålla ansvaret för problemlösningen, kan i förstone verka knepigt. I själva verket är det ganska enkelt, bara man väljer att ställa lösningsfokuserade frågor istället för att ge egna förslag på lösningar. De lösningsfokuserade frågorna kan uttryckas med lite olika ord, men de kretsar alltid kring två teman:

* Vad kan du göra?
* Hur tror du att det blir om du gör så?

När en förälder, efter att först ha lyssnat med empati på barnet, ställer dessa två frågor signalerar hon intresse, engagemang, omtanke och tillit (naturligvis under förutsättning att föräldern är i den respektfulla rutan i okej-hagen, sidan 38). Om barnet lyssnar mellan raderna i förälderns frågor kan hon höra föräldern säga: "Jag är intresserad och jag bryr mig om dig." Hon kan också höra: "Jag litar på att du vet vad som är bäst för dig och jag litar på att du kan själv."

Här följer ett exempel på hur samtalet mellan Kasper och hans pappa skulle kunna utvecklas om Kasper visade att han ville ha stöd i att hitta en lösning på problemet att Peter retar honom för att han leker med tjejer.

– Har du funderat på om du vill göra något åt att Peter retar dig?

– Mm ...

– Vad har du kommit fram till?

– Att jag kan slå honom!

– Det skulle du förstås kunna göra. Vad tror du skulle hända om du gjorde det?

LYSSNA – UTAN ATT IFRÅGASÄTTA ELLER KRITISERA

– *Han skulle antagligen slå mig tillbaka ...*

– *Hur skulle det bli?*

– *Inte så bra ...*

– *Nä ... Vad mer skulle du kunna göra?*

– *Kanske säga till fröken.*

– *Vad tror du skulle hända då?*

– *Hon skulle nog säga till Peter då!*

– *Hur skulle det bli om hon sade till Peter?*

– *Skönt. Fast han skulle kanske bli arg och reta mig ännu mer sedan, när fröken inte är med.*

– *Finns det något mer du skulle kunna göra?*

– *Jag skulle kunna strunta i Peter och bara leka med tjejerna i alla fall.*

– *Hur skulle det vara?*

Lägg märke till hur Kaspers pappa tar alla Kaspers förslag på allvar och avstår från att kritisera eller ifrågasätta. Han säger till exempel inte: "Våld är aldrig okej!" när Kasper föreslår att han skulle kunna slå Peter. Istället visar han tillit till att Kasper kan räkna ut det på egen hand och frågar: "Vad tror du skulle hända om du slog honom?" (Observera återigen hur viktigt det är att man befinner sig i den respektfulla rutan i okej-hagen. Kaspers pappa skulle förstås kunna ställa samma fråga med ett överlägset eller ironiskt tonfall, varvid

MED KÄNSLA FÖR BARNS SJÄLVKÄNSLA

Kasper förmodligen skulle avstå från att prata mer med sin pappa om saken.) Barn är smarta och vet oftast precis vad som är bra både för dem själva och för andra människor, under förutsättning att de ges utrymme för eftertanke. När vi vuxna däremot berättar för barnen vad som är bäst för dem och hur de borde göra reagerar de vanligen med motstånd. Ingen tycker om att bli skriven på näsan.

När jag föreläser om kommunikation och tar upp lösningsfokuserade frågor är det ofta någon förälder som undrar vad man gör om barnet inte har några egna lösningsförslag, utan mest svarar att hon inte vet. Kan föräldern ge några förslag i så fall? Mitt svar är att det naturligtvis går bra, men att det är viktigt att samtidigt låta kroppsspråket, tonfallet och ansiktsuttrycket förmedla: "Det här är förstås bara ett förslag! Och jag är nyfiken på vad du tänker om det."

Steg 3: Följa upp
Om Kasper i samtalet med sin pappa kommer fram till vad han vill göra återstår fortfarande en viktig uppgift för pappan: att följa upp. Hur gick det? Så när han träffar Kasper nästa kväll säger han:

– Du, jag har tänkt på dig idag och det här med att Peter retar dig. Berätta! Gjorde du som du hade tänkt?

Kanske berättar Kasper att han gjorde som han tänkt och att det blev bra. I det läget kan pappan backa och stämma av igen om ett tag. Om Kasper däremot berättar att han av någon anledning inte gjorde som han tänkt eller att han gjorde det men att resultatet inte blev som han hoppats – då börjar processen om igen: pappan lyssnar med empati på Kasper, ställer lösningsfokuserade frågor och följer upp på nytt.

Funderingar om empatiskt lyssnande

Det känns onaturligt
En del föräldrar är tveksamma till att uttrycka gissningar kring barnens känslor och behov och ställa lösningsfokuserade frågor eftersom de menar att det skulle kännas onaturligt, både för dem själva och för barnen. Jag håller med om att det är viktigt att hitta ett sätt att prata som känns naturligt för en själv. De dialoger jag skrivit i det här kapitlet är tänkta som stöd och inspiration. Varje förälder behöver hitta sitt eget språk, sitt eget sätt att prata, som känns bekvämt och äkta. Jag vill samtidigt påminna om att det mesta som är nytt känns onaturligt innan vi har vant oss. Att något känns onaturligt betyder inte att det är dåligt. Jag deltog till exempel nyligen i ett yogapass för första gången i mitt liv. Det kändes extremt onaturligt för mig att sitta med benen i kors och sjunga mantran tillsammans med främmande människor. Samtidigt inser jag att det skulle vara bra för min hälsa att yoga regelbundet.

Det stämmer naturligtvis också att barn, vars föräldrar normalt brukar befalla, moralisera eller förmildra, reagerar med förvåning om de istället möts av gissningar kring sina känslor och behov. Men jag tror också att de kommer att reagera med glädje och tacksamhet. Det finns knappast någon större längtan hos barn än att deras föräldrar skall vilja lyssna, försöka förstå och respektera dem. Många föräldrar blir också väldigt förvånade när de väl prövar sina färdigheter i empatiskt lyssnande. Barnen reagerar inte alls, som de befarat, med att skratta åt eller avfärda gissningarna. Istället bidrar gissningarna till att barnen öppnar sig och berättar långt mer än vad föräldrarna vågat hoppas på. Förklaringen är enkel: Det är en härlig upplevelse att bli lyssnad på, förstådd och respekterad! Det är en upplevelse som barnen gärna vänjer sig vid.

Mitt barn skulle inte förstå mig
En annan vanlig oro bland föräldrar som lär sig empatiskt lyssnande är att barnen inte kommer att förstå vad föräldrarna säger. "Mina barn skulle inte förstå vad jag sade om jag pratade så här! De är inte vana vid att vi pratar om känslor som frustrerad, tveksam och uppgiven. De vet inte vad respekt eller omtanke är." Desto större anledning då att använda ord som dessa, tycker jag. Det är förstås genom att vi använder ord som barnen så småningom lär sig innebörden i dem. (Hur lär sig barnen vad "snäll", "skynda dig" och "glad" betyder?) Så om ett barn inte förstår ordet "respekt" ser jag ingen anledning att avstå från att använda det, tvärtom ser jag all anledning att använda det mycket och ofta och att upprepa, förklara och ge exempel.

Hur gammalt behöver barnet vara?

– Jag har en dotter som är 4 månader. När tycker du att jag kan börja kommunicera så här med henne? Frågan ställdes av en pappa på en föreläsning jag höll.

– *Jag tror att du redan kommunicerar så här med din dotter*, svarade jag.

– Hur menar du? Pappan såg undrande på mig.

– Vad gör du om din dotter vaknar och skriker?

– Jag lyfter upp henne och kollar blöjan.

– Och om hon fortsätter skrika efter det?

– Jag ger henne mat.

– Och om hon inte äter?

– Då bär jag runt på henne. Eller så lägger jag henne i vagnen och går en sväng.

– Så man kan säga att när hon uttrycker att hon har bekymmer så försöker du gissa vad det är hon behöver? Och när du har en gissning så ger du henne stöd i att få sitt behov tillgodosett?

– Ja, det kan man säga.

– Det låter som att du redan kommunicerar med din dotter på det sätt jag beskrivit?

– Ja, det gör det ju faktiskt! Pappan sken upp i ett leende.

Ett empatiskt lyssnande och lösningsfokuserat förhållningssätt är inget som man börjar med när barnen nått en viss ålder. Det är något alla föräldrar gör från början och som jag föreslår att man sedan *fortsätter* med. Det som ändras i takt med att barnen växer är *hur* man tillämpar detta förhållningssätt. När barnen är små stämmer vi av våra gissningar om deras behov med hjälp av våra handlingar. Vi byter blöjan, ger mat, erbjuder närhet, kontakt och vila. Vi utgår instinktivt från att barnets beteende har sin grund i ett behov och vi försöker hjälpa barnet att få behovet tillgodosett. När barnet blir äldre kan vi övergå till att fråga med ord – "Är du hungrig? Trött? Vill du gosa? Vill du leka?" – och vi kan gradvis backa när det gäller att tillhandahålla lösningen. Men förhållningssättet är i grund och botten detsamma: att gissa vad barnet behöver, respektera behovet och ge barnet stöd i att få det tillgodosett (om än inte alltid på det sätt eller vid den tidpunkt som barnet själv skulle föredra).

Måste man gissa vad barnet behöver?
En del föräldrar tycker att det är svårt att gissa vad barnet behöver. Att gissa på en känsla går oftast bra, men vad sjutton är det barnet behöver? Svårigheterna har förstås sin grund i att vi är ovana över att fundera över andra människors behov. Vi funderar ju knappt ens på våra egna behov. Men behovsmedvetenhet går att öva upp! Ett sätt att göra det kan vara att klippa ut listan med behov som finns i slutet av boken och klistra upp den på en väl synlig plats, exempelvis på kylskåpsdörren. Varje gång du ställer dig frågande inför dina egna, ditt barns eller någon annan persons reaktioner tittar du på listan. Smällde du just ner telefonen lite extra hårt i bordet efter att ha pratat med din partner som glömt att det är föräldramöte på förskolan ikväll? Titta på listan! Handlar din reaktion om att du längtar efter mer

samarbete? Större ömsesidighet? Mer förståelse? Skrek ditt barn "idiot" till dig utan att du riktigt förstod varför? Titta på listan! Kan det handla om att hon ville ha mer respekt? Större förståelse? Mer omtanke? (Gör ingen värdering av om hon har "rätt" eller "fel" i sitt behov, fundera bara över vilket hennes behov är.) I väntan på att man övat upp sin behovsmedvetenhet brukar jag rekommendera att man börjar med att gissa vad barnet känner. Barn tar tacksamt emot frågor som "Är du ledsen?" och "Blev du arg då?" eftersom de signalerar en önskan hos föräldern att försöka förstå, snarare än att ifrågasätta eller kritisera. Den ytterligare vinsten med att också uppmärksamma barnets behov är att det hjälper barnet komma vidare och resonera kring möjliga lösningar på sitt problem. En negativ känsla har sin grund i att ett eller flera viktiga behov inte är tillgodosedda. Känslan av sorg kan till exempel vara ett tecken på att behovet av omtanke eller respekt (eller något helt annat) inte blir tillgodosett. Känslan av rädsla pekar kanske mot behovet av trygghet? Det är när vi ställer behoven i fokus som vi öppnar för möjligheten till förändring. Det är först när man vet vad man behöver som man kan agera för att få det och därmed också kunna släppa känslan.

Vissa saker skall man väl ändå inte lyssna på?!

– Aldrig att jag tänker bjuda Johan på mitt kalas. Jag hatar den jävla idioten. Fan vad skönt det vore om han var död!

– Nämen, så säger man inte! Man kan tycka illa om människor men man får faktiskt inte önska livet ur dem.

När barnen klär sina bekymmer i förfärliga ord kan det vara frestande att svara som föräldern i exemplet. Vissa saker vill man som förälder inte lyssna på, eller hur?! En del föräldrar säger att det finns gränser för vad de är villiga att lyssna på. Det tänker helt enkelt inte försöka förstå barnens känslor och behov om de uttrycker sig med ett språk som de ogillar.

Jag har stött på många föräldrar som vittnar om hur bra det fungerar att vägra lyssna på barnen när de använder ord som de inte kan acceptera. "Vi har nött in budskapet att de här sakerna säger man bara inte och nu har barnen faktiskt slutat prata så!" Varje gång jag hör en förälder berätta det här funderar jag på om det är så att barnen slutat prata med ord som föräldrarna ogillar eller om det kanske snarare är så att barnen slutat prata? Då menar jag förstås inte slutat prata i bemärkelsen "blivit helt tyst", utan snarare "slutat berätta om viktiga upplevelser och känslor".

Föreställ dig att du kommer hem från ett besök hos din mamma. Trots att du både handlat och klippt gräset åt henne har hon anklagat dig för att inte vara tillräckligt hjälpsam. Du sjunker ner vid köksbordet och utbrister: "Ibland tycker jag att mamma är en självupptagen grinig kärring!" Din partner höjer ett irriterat ögonbryn och säger sedan med skarp röst: "Vet du vad! Det är inte okej att prata sådär om andra människor!" Jag gissar att du känner dig ledsen? Kanske arg? Tänker att din partner inte fattar ett skit? Inte vill förstå dig? Hur gör du nästa gång du kommer hem och känner dig trött och ledsen efter ett besök hos din mamma? Kanske drar du dig för att berätta något alls eftersom du tänker att det inte är någon idé, att din partner ändå inte tycks vilja förstå?

Samma process tror jag äger rum i barnen när vi vuxna reagerar på deras berättelser med att korrigera deras ordval: "Så säger man inte!", "Jag vill inte att du kallar din syster för idiot!", "Det är inte okej att säga att någon skall dö!" Mellan raderna uppfattar barnet att föräldern säger: *"Vilka ord du väljer att använda är viktigare för mig än vilka känslor och behov du har."* Barnen tänker att de vuxna inte förstår – inte vill förstå – och slutar så småningom att berätta.

Så visst, det kanske fungerar bra att korrigera barnen och att vägra lyssna när de använder ord som vi ogillar, i den bemärkelsen att de slutar använda de orden. Jag tror samtidigt att det fungerar dåligt, i bemärkelsen att barnen också slutar att sätta ord på sina upplevelser och känslor och att kontakten mellan barn och föräldrar reduceras till ytligt vardagsprat. Inte heller får barnet stöd i att lösa de problem hon faktiskt har.

Betyder det här att föräldrar måste acceptera att barnen kallar sina syskon för idioter, svär och uttalar förbannelser över sina lärare och klasskamrater? Kan man inte både ha en god kontakt med sina barn och lära dem att uttrycka sig respektfullt? Naturligtvis kan man det! Men var sak har sin tid. När barnet kallar sin klasskompis för "jävla idiot" och uttrycker att det vore skönt om han var död kan man välja att just då ha överseende med orden och istället fokusera på kontakt med och förståelse för barnet. Den som gör det kanske säger:

— *Oj, det verkar som att du har väldigt starka känslor när det gäller Johan. Jag vill gärna veta mer!*

— *Han är en skitskalle. Vet du, att när jag inte klarade ett mattetal som fröken gav mig igår så skrattade han och sade till de andra att jag är ett pucko.*

— *Jag gissar att du blev ledsen då? Att du vill bli mött med respekt oavsett om du klarar mattetalen eller inte?*

— *Mm. Fröken skrattade också lite. Sade att jag måste börja använda det där huvudet som jag har fått ...*

Att mamman i det här exemplet bemöter barnets påstående att Johan är en idiot med att be honom berätta mer betyder inte att hon accepterar hans sätt att prata. Det betyder att hon *i den stunden prioriterar* kontakt och förståelse. (Och tur är väl det, annars hade hon kanske inte fått reda på hur jobbigt hennes son har det i skolan!) Livet är fullt av andra tillfällen för mamman att visa och berätta vad hon värdesätter och vilken typ av språk hon uppskattar.

Tips till dig som vill lära dig att lyssna

Tänk på att gissa
Det kan inte nog betonas att förälderns uppgift i det empatiska lyssnandet (steg 1) är att *gissa* vad barnet känner och behöver. Föräldern behöver vara helt öppen inför möjligheten att barnet svarar att hon känner och behöver något annat än det som föräldern just har gissat. För om vi inte

gissar så analyserar vi. Det är sällan uppskattat. Det bidrar sällan till kontakt mellan två personer när den ena tror sig veta vad den andra känner och behöver, bättre än vad hon själv vet. Därför vill jag gärna lyfta fram betydelsen av det som inte syns i skrift, nämligen kroppsspråket, tonfallet och ansiktsuttrycket. I samtliga dessa tre kanaler behöver man som förälder signalera till barnet: "Det här är bara en gissning från min sida. Det är förstås du som vet hur det ligger till!" Det här betyder också att det inte är någon fara om man skulle gissa fel, vilket en del föräldrar ibland oroar sig för att göra. Eftersom det bara är en gissning finns ingen prestige inblandad. Barnet dömer inte föräldern utan gläds snarare åt dennes försök att förstå. Den vanligaste reaktionen när en förälder gissar fel är därför att barnet berättar mer:

– Känner du dig arg?

– Nej, jag är nog inte särskilt arg egentligen. Snarare besviken, tror jag.

Men måste man verkligen göra uttryckliga gissningar? Kan man inte bara fråga barnet vad hon känner och behöver istället? Man kan givetvis försöka, men min erfarenhet är att barn behöver vara rika på ord och ha stor vana av att prata om känslor och behov för att kunna ge mer utförliga svara än "det känns inte så bra" eller "jag vet inte vad jag behöver". När föräldrarna istället gissar vad barnet känner och behöver stimuleras barnet att leta i sig själv, känna igen och benämna sina känslor och behov.

Var klar över syftet med det du gör
En del föräldrar som lär sig lyssna empatiskt på barnen och ge stöd i form av lösningsfokuserade frågor hör efter ett tag av sig och berättar att det inte gick som de hade hoppats. Jag minns särskilt en pappa som jag träffade i samtalsrådgivning vid flera tillfällen. Han hade sökt upp mig eftersom han var orolig för sin sjuåriga dotter. Dottern var betydligt längre än sina jämnåriga klasskamrater, hon hade flera storlekar större fötter och även om hon inte var direkt överviktig så var hon inte heller ansedd som smal. Under den senaste tiden hade pappan märkt att dottern var ledsen. Hon hade stått framför spegeln och gråtit för att hon var "lika lång som en giraff" och hon hade vägrat köpa nya skor, trots att de hon hade var urvuxna.

Tillsammans hade pappan och jag pratat om hur man vill bli bemött när man är ledsen och i olika rollspel hade han fått öva på att lyssna med empati och att ställa lösningsfokuserade frågor. Ett par veckor efter vår sista träff hörde pappan av sig till mig igen. Med oro och frustration i rösten sade han: "Nu har jag lyssnat med empati på min dotter i flera veckor, men vet du vad, det funkar inte! Hon är fortfarande ledsen för att hon är så stor!"

När jag hörde pappans slutsats förstod jag att jag inte varit så tydlig som jag hade önskat kring syftet med empatiskt lyssnande och vilket resultat man kan förvänta sig. Pappan hade hoppats att han genom att lyssna med empati på sin dotter också skulle kunna förmå henne att ändra sina känslor inför sin storvuxenhet. Men att pappan lyssnar med empati på sin dotter påverkar inte det faktum att flickan är storvuxen. Det påverkar heller inte hennes känslor inför sin storvuxenhet eller hennes längtan att passa in bland sina vänner. Empatiskt lyssnande är inget knep för att påverka barnen att tänka, känna och behöva något annat. Empatiskt lyssnande är ett förhållningssätt till andra människor som bidrar till att skapa kontakt, förtrolighet och en upplevelse av respekt.

Respektera alla känslor

Önskan om att förmå barnen att känna något annat än vad de känner, som jag skrev om i föregående avsnitt, är mycket vanlig bland oss föräldrar. Det gör ont i oss när barnen är sorgsna, bekymrade och oroliga. "Älskade fantastiska ungar! Ni är värda all glädje, all lycka! Far åt pipsvängen smärta och sorg, oro och rädsla!"

Även om tankar som de här är fullt naturliga tror jag att vi gör barnen en otjänst om vi försöker förmå dem att inte känna negativa känslor. Jag tror att alla människor, både barn och vuxna, mår bra av att känna alla typer av känslor.

Mer än någon annan har min dotter lärt mig förstå att alla känslor är viktiga. Jag minns speciellt ett tillfälle när hon var fem år. Hon hade börjat förskolan ett år tidigare. Hela det första året var fyllt av uppslitande avsked. Varje morgon grät min dotter när jag lämnade henne. Först stillsamt och i takt med att jag närmade mig utgången alltmer förtvivlat. Varje morgon gjorde de välmenande pedagogerna sitt yttersta för att muntra upp och få henne på andra tankar. De föreslog aktiviteter, påminde om roligheter som skulle ske under dagen och berömde hennes kläder, hårspännen eller frisyr. Och varje morgon ansträngde jag mig för att sätta ord på hennes känslor och behov: "Är du ledsen, gumman? Är det viktigt för dig att vara trygg?" Dessa och andra liknande gissningar kom gång på gång över mina läppar.

Problemet, kan jag förstå så här i efterhand, var att varken jag eller de välmenande pedagogerna respekterade min flickas känslor och behovet att sörja när livet inte är som man vill. Vi önskade ju inget hellre än att hon skulle sluta vara ledsen och med glädje, iver och entusiasm springa in till de andra barnen på avdelningen.

Så en morgon fick jag en ingivelse och frågade min dotter:

– *Är det så att du vill vara ledsen när jag lämnar dig på dagis?*

– *Ja, jag saknar ju dig, mamma.*

– *Skulle du önska att du inte saknade mig?*

– *Nej, jag vill sakna dig när vi inte är tillsammans.*

Och sedan tillade hon:

– *Problemet är ju bara att jag inte får vara ledsen ifred på dagis.*

Hennes svar ändrade något i mig. Plötsligt var det inte alls viktigt för mig att hon var glad när jag lämnade henne på förskolan. Tvärtom ville jag att hon skulle få ha sin sorg. Om jag kände efter i mig själv hade jag ju också en liten sorg när vi skiljdes åt.

Tillsammans med pedagogerna pratade vi om hur hon

ville ha det när hon var ledsen på dagis. Hon berättade att hon ville sitta i en speciell stol, i ett speciellt rum där hon fick vara ensam. Hon ville ha tillgång till papper och pennor så hon kunde rita lite samtidigt som hon var ledsen. Självfallet fick hon det precis som hon ville.

Ett par dagar senare lämnade jag, för första gången på lite mer än ett år, inte en vilt gråtande flicka i kapprummet, utan en lugn och stillsamt ledsen. Ytterligare några dagar senare fick jag bara en hastig puss på kinden innan hon sprang raka vägen in till de andra barnen med ett leende på läpparna.

Den eftermiddagen när vi gick hem från förskolan sade min dotter helt spontant:

– Idag var jag inte ledsen när du lämnade mig, mamma. Jag har kommit på att jag kan sakna dig och vara glad samtidigt.

Jag tror att när hon äntligen, efter mer än ett år, fick respekt för sin saknad och sin sorg då kunde hon också komma i kontakt med alla sina andra känslor. Lärdomen för mig blev att det inte går att skilja på känslor som är "bra" och känslor som är "dåliga", utan att alla känslor är lika viktiga och behöver lika mycket respekt. Det är först när vi låter barnen få utrymme att känna *alla* sina känslor, som de också är fria att känna verklig glädje.

Jag skriver om vikten av att respektera barnens känslor här eftersom jag anser att det är en mycket viktig utgångspunkt för det empatiska lyssnandet. Den förälder som väljer att lyssna med empati på sitt barn behöver ha acceptans för alla barnets känslor, inte tänka att det finns vissa känslor som är bättre än andra, inte tänka att det finns vissa känslor som är mer rätt än andra, inte tänka att barnets känslor är för starka eller för svaga. Utan sådan acceptans finns risk att barnet tolkar föräldern som att denne tycker att barnets känslor är fel och då hjälper det inte att föräldern till fullo behärskar de praktiska färdigheterna i empatiskt lyssnande. Kontakten mellan barn och förälder blir ändå påverkad.

Empatiskt lyssnande i vardagen

Hittills i kapitlet har jag beskrivit det empatiska och lösningsfokuserade förhållningssättet. Nu är det dags att göra det lite mer vardagsnära genom att ta upp några vanliga situationer i familjelivet och se hur förhållningssättet kan användas där.

När barnen är missnöjda

– Min dotter blir liksom aldrig nöjd! Det kvittar om jag varit med henne en hel dag och bara gjort grejer som hon gillar så klagar hon ändå på kvällen när jag vill läsa tidningen för mig själv en stund.

– Ja, men eller hur!? Min femåring är precis likadan! För ett tag sedan hade vi en heldag tillsammans bara han och jag. Först gick vi i stan och kollade på leksaker. Sedan fikade vi och efter det gick vi på bio. När vi kom ut från bion bröt han ihop och ville inte åka

hem utan tjatade om att se en film till! Det hade känts skönt med lite tacksamhet ...

Ordväxlingar som dessa är vanliga när föräldrar möts och pratar om sina barn. Något som vi reagerar starkt på är när vi anstränger oss för barnens skull och de inte tycks uppskatta det. Vi har behov av att bli sedda i våra kärleksfulla handlingar och när vi upplever att så inte sker väller besvikelsen fram: "Här har jag ansträngt mig för barnens skull och istället för att vara tacksamma så gnäller de! Varför kan de aldrig vara nöjda!?"

Låt oss, i ljuset av det empatiska förhållningssättet, titta lite närmare på uppfattningen att barnen aldrig blir nöjda. Stämmer den verkligen? Jag tvivlar. Jag minns nämligen hur jag själv uttryckte mig när senaste semestern led mot sitt slut: "Usch, jag vill inte börja jobba igen. Jag vill ha minst en månad till ledigt!" Betydde det att jag var missnöjd med min semester? Tvärtom, det betydde att jag var väldigt nöjd. Jag tänker också på hur jag brukar reagera när min man kliat mig på ryggen och slutar. Det kvittar om han hållit på i tjugo sekunder eller tjugo minuter, jag suckar likväl och ber honom att inte sluta. Betyder det att jag är missnöjd? Tvärtom, jag är väldigt nöjd.

Jag tror att barnen fungerar på samma sätt som jag gör. Ett barn som efter en heldag med fika och bio skriker att han vill se en film till säger också något mellan de skrikiga raderna: "Jag har haft en helt fantastisk dag! Så fantastisk att jag önskar att den aldrig skulle ta slut."

När föräldern inte lyssnar mellan raderna utan svarar direkt på barnets ord – "Jag vill se en film till!" – låter det kanske så här: "Nu har jag varit med dig hela dagen! Vi har både fikat och varit på bio. Kan du inte vara nöjd med det istället för att gnälla om ännu mer!?" Barnet som hör det här svaret upplever förmodligen att han blir missförstådd. Han är ju inte alls missnöjd, som föräldern gör gällande. Tvärtom. Kanske väcker förälderns svar också oroliga funderingar hos barnet: "Var det en uppoffring för mamma att vara med mig?! Hade hon inte lika kul som jag?" Inte heller är föräldern tillfreds med situationen. Hon känner sig troligen irriterad och besviken och har tankar som förtar en del av glädjen från dagen: "Varför måste en bra dag sluta så tråkigt?"

Om föräldern lyssnar med empati på barnet kan situationen ändras, från att vara konfliktfylld till att bli kontaktskapande:

– *Jag vill se en film till!*

– *Ja, det var verkligen kul, eller hur?! Det känns som man skulle kunna stanna här en hel vecka!!*

– *Kan vi se en film till då?*

– *Nej, jag vill åka hem till pappa och lillebror nu. Jag längtar redan tills nästa gång som du och jag kan hitta på något mysigt tillsammans! Gör du också det?*

– *Ja! Kan vi se Smurfarna nästa gång vi går på bio?*

– *Smurfarna!? Tror du att den är bra?*

– *Ja, Ahmed sade att den är bra.*

– *Jag är nyfiken på vad du tyckte var bäst med filmen vi såg idag? Jag gillade trollet! Gjorde du det?*

(*Föräldern och barnet fortsätter prata om filmen, fikat och annat som hänt under dagen.*)

När föräldern lyssnar på pojkens känslor och behov upplever han att han blir förstådd och känner sig förmodligen glad. Det är härligt att veta att den man tillbringat dagen med också har njutit. Empatin leder också in föräldern på ett annat spår än om hon svarat på barnets ord. Hon känner sig betydligt gladare och nöjdare när hon väljer att fokusera på barnets tillfredsställelse och har överseende med sättet på vilket den uttrycks.

Lägg märke till att föräldern i dialogen ovan inte använder ordet "men". Det är mycket vanligt bland föräldrar som lärt sig empatiskt lyssnande att först gissa vad barnet känner och behöver och sedan lägga till ett "men": "Ja, det var verkligen kul, eller hur!? *Men* nu måste vi åka hem ..." Resultatet blir sällan den kontakt som föräldrarna hoppats på. Förklaringen är att ordet "men" fungerar som ett slags suddgummi i svenska språket och suddar ut det som sagts tidigare. Anta att en person säger till en annan: "Jag gillar verkligen din frisyr, men jackan du har på dig är ganska ful!" För de flesta människor är det bestående intrycket av det som sagts att jackan är ful. Den fina frisyren har suddats ut av "men". Samma sak händer när föräldern säger: "Ja, det var verkligen kul, eller hur!? Men nu måste vi åka hem ..." Resultatet blir konflikt snarare än kontakt.

Men, säger du kanske nu, ibland behöver man säga "men". Vad kan man säga istället? "Samtidigt" är ett ord jag brukar föreslå. När föräldern ser sitt barn njuta av leken på förskolan och på samma gång tänker på maten och tvätten därhemma kan hon säga: "Jag ser verkligen att du har kul här, samtidigt är jag väldigt mån om att åka nu eftersom jag vill hinna laga mat och tvätta ikväll. Därför undrar jag om du ändå kan tänka dig att komma?"

När barnen tjatar

Haveri i affären. Alla föräldrar (och barn) har varit med om det. Det inträffar vanligen framför glassfrysen, godisdisken eller leksakshyllan och följer oftast samma logik:

– *Pappa, kan inte vi köpa glass?*

– *Nej, det blir ingen glass idag!*

– *Varför inte deeeet?!*

– *För att du redan har ätit tre glassar den här veckan.*

– *Men pappa, jag vill!!!*

– *Det tror jag säkert att du vill, men det blir ingen glass. Sluta tjata nu!*

– *Men pappaaaaa!!!!!!!!*

Hur gör man för att undvika att barnen bryter ihop för att de inte får glass, godis eller leksaker? Det undrar många föräldrar. Jag brukar svara att jag tycker att frågan är felställd. Jag tror nämligen inte att barnen bryter ihop för att de inte får saker de vill ha. Jag tror att b*arnen bryter ihop för att de inte känner sig förstådda.* När ett barn ligger på golvet vid glassfrysen och skriker är det inte primärt för att hon vill ha glass. Det hon vill är att hennes pappa *förstår* att hon vill ha glass. Med hjälp av färdigheterna och förhållningssättet bakom empatiskt lyssnande kan pappan förmedla den förståelsen till sin dotter:

– *Pappa, kan vi inte köpa glass?*

– *Nej, det kan vi inte min lilla glassälskare.*

– *Varför inte det?*

– *För att jag är mån om att du äter nyttigt. Fast du skulle gärna vilja äta glass och godsaker varje dag, eller hur?*

– *Ja, det skulle jag! Jag vill ha glass!*

– *Jag vet ... Vilken är din allra godaste glass?*

– *Top Hat! Och Sandwich och Piggelin ...*

– *Mm, Piggelin gillar jag också! Och Magnum med vit choklad. Tycker du om den?*

(*Föräldern och barnet fortsätter prata om glass: vilka de gillar och ogillar, vilken de vill testa nästa gång och så vidare.*)

Det här barnet kommer med största sannolikhet inte att bryta ihop när pappan en stund senare passerar glassfrysen utan att köpa något. Hon känner sig förstådd, respekterad och tagen på allvar. Men när pappan bara säger nej, utan att bekräfta hennes känsla och visa att den är okej, upplever barnet det som att pappan struntar i hennes känsla och till och med som att han struntar i henne. Det väcker ilska och besvikelse hos barnet och en längtan att förmedla att hon visst är viktig och vill bli tagen på allvar. Den som lyssnar uppmärksamt mellan raderna när barnet förtvivlat skriker efter glass hör just det: "Ta mig på allvar!"

Barn vet nästan alltid vad de vill, men inte alltid vad de mår bäst av. Därför varken kan eller bör barnen få sin vilja fram i alla sammanhang. Däremot skulle jag gärna se att vi vuxna lade oss vinn om att (i likhet med pappan i exemplet) låta barnen "få sin känsla fram". När vi möter barnens önskemål med empati upplever de att vi försöker förstå dem och att vi respekterar dem. Det är bra för självkänslan. Det bidrar till att skapa nära och förtroendefulla relationer.

Föräldrar har också känslor

Försök förstå barnets känslor och behov. Visa att du respekterar dem, även om du kanske inte gillar hur de uttrycks. Ge barnet stöd i att tillgodose sina behov, på sätt som är okej för omgivningen. Detta är huvudpunkterna i kapitlet du just läst.

Men barnet är ju inte den enda som har känslor och behov. Detsamma gäller förstås dig som förälder. I nästa kapitel skall vi titta på hur du kan berätta för ditt barn om dina känslor och behov, på sätt som gör det troligt att barnet vill lyssna och vill respektera. Jag kommer också att skriva om hur man kan göra i synbart låsta lägen – där barn och förälder lyssnar på varandra och vill respektera varandra, men ändå inte hittar en lösning.

6. PRATA – UTAN ATT KRÄNKA, HOTA ELLER MUTA

"HUR SKALL JAG göra?! Jag vet verkligen inte hur jag skall få barnen att bry sig om mina behov utan att skälla på dem!" Mamman som satt mitt emot mig på mottagningen var förtvivlad. Ett par dagar tidigare hade det plötsligt blivit tydligt för henne att hon inte ville fortsätta prata med sina barn på det sätt hon gjort dittills. Hon ville sluta skälla på, hota och muta sina barn. Insikten hade drabbat henne med full kraft när hennes sjuårige son, efter ett gräl om vem som skulle plocka ur diskmaskinen, krupit upp bredvid henne i soffan, klappat henne på armen och med tårarna trillande sagt: "Mamma, det är inte mitt fel att du födde mig." Nu grät mamman också. "Han tror att jag inte tycker om honom! Han känner sig usel! Förstår du?!" Jag förstod. Och tänkte att hennes tolkning nog tyvärr innehöll en hel del sanning. För när vuxna ifrågasätter, anklagar, skuldbelägger eller kritiserar sina barn hör de inte bara orden som uttalas. Det finns också en risk att de hör budskap mellan raderna:

"Du duger inte!"

"Jag är inte nöjd med dig!"

"Du är inte bra nog!"

Det här kapitlet handlar om hur vi föräldrar kan göra istället. Det handlar om hur vi kan tydliggöra våra behov och be barnen respektera dem, utan att samtidigt tära på barnens självkänsla.

Varför gör barn som föräldrar vill?

Lugn och ro, omtanke, respekt, ordning, vila, samarbete, kärlek, gemenskap, förståelse... För att du som förälder skall få dina behov tillgodosedda finns det förmodligen massor av saker som du vill be ditt barn om. Att plocka upp kläderna och leksakerna från golvet? Låta dig sova på morgonen? Vara delaktig i matlagningen? Sänka ljudet på stereon? En del av dessa saker gissar jag att ditt barn helst skulle avstå från om det bara var upp till henne att avgöra. Varför skall man till exempel plocka upp alla leksaker från vardagsrumsgolvet när man ändå skall leka med dem imorgon igen?

När jag leder mina föräldrakurser brukar jag fråga deltagarna: "När ditt barn gör som du vill, snarare än som hon själv skulle föredra, vad tror du att anledningen är?" Efter en inledande lång stunds eftertanke (det här är ju inget som vi föräldrar går omkring och funderar på dagligdags) kommer lite olika svar:

"För att jag blir glad."

"För att få veckopeng."

"För att mitt barn vet att det är så man gör."

"För att annars blir det ingen tv."

"För att slippa tjat och skäll."

"För att det känns bra att hjälpa till."

"För att barnets mamma är bra på att ge barnet dåligt samvete."

"För att slippa känna sig som en dålig människa."

I dessa svar går att urskilja fyra huvudsakliga anledningar till att barn gör som föräldrarna vill, snarare än som de själva skulle föredra. Det handlar om *rädsla* (för den vuxnes ilska, för att få ett straff eller gå miste om en belöning), om undvikande av *skuldkänslor* (tanken att man gjort dåliga saker) och *skamkänslor* (tanken att man är en dålig människa) samt om *vilja att bidra*.

"Hur kan jag få mina barn att bry sig om mina behov utan att de samtidigt känner sig usla?" Det undrade mamman vars berättelse inledde kapitlet. Hon hade använt sig av ilska, straff, mutor, skuld- och skambeläggande och hade visserligen konstaterat att det funkade ganska bra i bemärkelsen att hennes barn oftast gjorde som hon sade åt dem att göra. Men priset hade varit högt och betalats med självkänsla, både för barnen och för henne själv. Nu återstod för henne att appellera till barnens vilja att bidra. Hon tittade tvivlande på mig när jag sade det. Skulle hon verkligen våga tro på att hennes barn hade en vilja att bidra till att hennes behov blev tillgodosedda?

Många föräldrar delar den här mammans tvivel. Även om de förstås inget hellre önskar än att barnen skall bidra till andra människor av den enkla anledningen att de vill göra det, tvivlar de samtidigt. Har barn ens förmåga att förstå vad andra människor känner och behöver? Och bryr de sig? Jag är övertygad om det! Redan små barn har förmåga till empati (att sätta sig in i vad andra människor känner och behöver) och barn *vill* samarbeta med sina föräldrar och bidra till att göra det bra för dem. Därför behöver vi varken tvinga eller manipulera barnen. Det vi behöver göra är att berätta om våra känslor och behov på ett sätt som gör det möjligt för barnen att upprätthålla kontakten med sin empatiska förmåga och vilja att bidra. Vi behöver ge barnen schyssta förutsättningar. Det gör vi tyvärr inte alltid.

Tio vanliga sätt att påverka barn

Det kan låta krasst, men jag vill påstå att mycket av det som föräldrar säger till barn för att få dem att förändra sitt beteende inte väcker någon som helst naturlig lust hos barnen att bidra. Om det som sägs alls passerar uppmärksamhetströskeln är det betydligt vanligare att det väcker rädsla, skuld eller skam. Innan jag skriver om vad föräldrar brukar säga vill jag ge dig som läser chansen att bli uppmärksam på hur du själv pratar. Därför har jag här nedan beskrivit tre olika konfliktsituationer. Skriv för var och en av situationerna ned vad du tror att du skulle säga om det var ditt barn.

Du står i köket och lagar middag. I vardagsrummet hör du dina två barn prata om vilket tv-program de skall titta på. Plötsligt höjer femåringen rösten och skriker till lillasyster: "Idiot! Jag hatar dig!" Du vill att de skall enas om ett program och du vill att de skall göra det genom att prata med varandra på ett trevligt sätt. Vad säger du till femåringen?

"Jag sticker ut och cyklar med Ella och Leo!" Din tioåriga dotter sätter på sig skorna och jackan. "Glöm inte hjälmen!" påminner du. "Jag vägrar att ha den hjälmen! Den är bara så pinsamt ful!" Du vill att hon skall ha hjälm när hon cyklar. Vad säger du till henne?

Du pratar i telefonen med en vän som du inte pratat med på länge. Trots att ni inte pratat i mer än fem minuter har din fyraåring avbrutit samtalet flera gånger: "Var är min gosehund?" "Kan vi spela ett spel?" "Får jag ta en banan?" Du har bett henne låta dig prata ifred, men nu står hon framför dig igen: "Kan vi spela ett spel nu då?" Du känner dig irriterad och vill verkligen fortsätta prata med din vän en stund till. Vad säger du till din dotter?

Det finns åtminstone tio vanliga sätt som föräldrar bemöter barn på i konfliktsituationer som dessa. (Jämför gärna med dina egna uppmaningar.)

HOTA
"Om du inte säger förlåt till din lillasyster så får du ingen efterrätt!"

"Om du inte sätter på dig hjälmen genast låser jag in cykeln!"

"Nu låter du mig prata ifred, annars kommer jag inte att vilja spela något spel med dig sedan!"

MUTA
"Säg förlåt till din lillasyster så får du glass efter maten."

"Använd den här hjälmen idag så får du en ny nästa gång vi åker och handlar."

"Om du låter mig prata ostört i fem minuter så spelar jag med dig sedan."

BEFALLA/FÖRBJUDA
"Jag förbjuder dig att säga så till din syster! Är det klart?"

"Du får inte cykla utan hjälm! Jag förbjuder dig!"

"Nu låter du mig prata färdigt i lugn och ro!"

DÖMA
"Det är inte okej att kalla en annan människa för idiot."
"Det är helt oacceptabelt att cykla utan hjälm."
"Man avbryter inte när någon pratar i telefon."

UTTRYCKA VAD BARNET BORDE FÖRSTÅ
"Du borde verkligen fatta att man inte får säga så."
"Man tycker ju verkligen att du borde begripa bättre än att cykla utan hjälm."
"Nu har jag sagt till dig flera gånger att jag vill prata i telefonen. Du borde inse att det betyder att jag inte vill spela något spel med dig."

BERÄTTA VAD BARNET FÖRTJÄNAR/ INTE FÖRTJÄNAR/ÄR VÄRD/INTE ÄR VÄRD
"Du förtjänar ingen mat när du beter dig på det här sättet."
"Och du tror att du skall få en ny cykel i födelsedagspresent?! Du förtjänar ingen ny cykel."
"Du är inte värd någon spelstund ikväll när du håller på så här."

ETIKETTERA
"Du är så elak!"

"Det är bara dumskallar som cyklar utan hjälm!"
"Men vad du är tjatig!"

LÄGGA SKULDEN FÖR SINA KÄNSLOR
OCH HANDLINGAR PÅ BARNET
"Tänk att jag alltid måste bli så besviken på dig."
"Du tvingar mig att låsa in din cykel."
"Du gör mig så arg när du tjatar på det här sättet."

PSYKOLOGISERA
"Så här gör du bara för att få din vilja igenom."
"Tror du verkligen att du blir omtyckt bara för att du har en snygg hjälm?"
"Gör du så här för att testa mina gränser?"

STÄLLA PEDAGOGISKA FRÅGOR
"Hur tror du att det känns för din syster när du säger att du hatar henne och att hon är en idiot?"
"Och *vad* tror du händer om du krockar med en bil när du inte har hjälm?"
"Hur skulle det vara för dig om jag avbröt dig hela tiden är du leker med din kompis?"

"Så där sade min mamma alltid!" När deltagarna på mina föräldrakurser ser den här listan relaterar de ofta till sin egen uppväxt. De allra flesta känner igen att deras egna föräldrar använde ett, eller oftast flera, av de här sätten att tillrättavisa. "Hur var det för dig när dina föräldrar sade så här?" brukar jag fråga. Ett ganska typiskt svar är: "Man blev ju rädd. Eller kände sig dum eller fick dåligt samvete. Och så gjorde man som de sa ..."
Skulden och skammen har tydligast inslag i de sju sista formerna av tillrättavisning på listan. Rädslan är tydligast i de första tre. När vuxnas hot förmår barnet att förändra sitt beteende beror det på att barnet känner en rädsla för att få ett straff. Ibland uppfattas mutor som snällare än hot, men faktum är att barnet också då styrs av rädsla – rädsla för att gå miste om en belöning (något som de flesta barn dessutom uppfattar som ett straff). När befallningar eller förbud förmår barnet att förändra sitt beteende är det rädsla för den vuxnes ilska som ligger bakom.

Deltagarna i mina grupper brukar också berätta om hur relationen till de egna föräldrarna påverkades när tillrättavisningarna väckte rädsla, skam eller skuld. En del berättar om förakt eller fientlighet gentemot föräldrarna och hur detta tog sig uttryck både i aktivt och passivt motstånd och uppror. Andra talar om hur de blev duktiga på att ljuga, skylla ifrån sig och smyga. Det finns också de som beskriver hur de inte upplevde sig ha något annat val än att lyda. De säger att relationen till föräldrarna säkert såg bra ut på ytan, men att den saknade värme och tillit och att de undvek att berätta om sina verkliga tankar och känslor.

När jag i olika sammanhang presenterar listan på sidorna 126–128 är det några frågor som ofta återkommer. Den första gäller "dömanden". Många föräldrar idag använder "det där är inte okej" nästan som en standardfras för att tillrättavisa barn. "Är det verkligen fel att säga så?", undrar de. Jag vill inte uttala mig om vad som är rätt och vad som är fel. Jag upplever större mening i att fundera över om ett visst tillvägagångssätt underlättar eller försvårar möjligheten att nå det mål man har. Givet att man vill att barnet skall agera utifrån empatisk förståelse tror jag att dömanden i form av "det där är inte okej" är tämligen värdelösa eftersom de inte ger barnet någon som helst information om vad den som dömer känner eller behöver. Det är visserligen möjligt att barnet förändrar sitt beteende, men det sker då troligen utifrån en önskan att undvika skuld- och skamkänslor.

En del föräldrar har också funderingar kring den form av tillrättavisning som jag har valt att kalla "psykologisering", som handlar om att man uppmärksammar barnet på orsakerna till ett visst beteende. Exempelvis kanske man säger till barnet: "Du håller bara på så här just nu för att du är trött!" Ofta är ju det här påståendet sant, resonerar en del föräldrar, kan det inte vara en hjälp att säga det till barnet då, så att hon förstår sitt eget beteende bättre? Jag brukar svara med en motfråga till den kvinnliga delen av publiken: "Hur känns det för sig om din partner säger 'du håller bara på så här just nu för att du har pms'?" Även om partnern har rätt i sak, tvivlar jag på att det hjälper att höra det. Jag gissar att hans påstående väcker irritation och motstånd, snarare än bidrar till kontakt.

"Pedagogiska frågor" har jag också fört upp på listan över tillrättavisningar som försvårar för barnet att stå i kontakt med sin empatiska förmåga. Detta förvånar många vuxna som använder frågor som "Hur tror du det känns för din bror när du kallar honom för idiot?" just i syfte att väcka barnets medkänsla. Problemet, som jag ser det, är att vuxna sällan ställer frågan på det öppna, nyfikna sätt som är en förutsättning för att stimulera till eftertanke. Snarare tror jag att barnet mellan raderna, men ändå väldigt tydligt, hör den vuxne säga: "Det är fel att kalla folk för idiot och det tycker jag att du borde förstå!" Sådana budskap väcker skamkänslor hos barnet, inte medkänsla.

Låtsad omsorg

Hittills har jag skrivit om sådana uppmaningar och tillrättavisningar som triggar barnens rädsla, skuld och skam och därför gör det svårt för dem att förstå vad föräldern känner och behöver. En annan vanlig form av uppmaningar är de som förkläs i omsorg om barnets bästa. Eftersom de är mycket vanliga och dessutom förefaller helt harmlösa – de tycks varken väcka rädsla, skuld eller skam hos barnen – vill jag gärna uppmärksamma dem lite extra.

Jag låter en klassisk scen ur familjelivet tjäna som exempel. Det är fredag kväll och klockan närmar sig nio. Föräldrarna ser fram emot en myskväll i soffan med tända ljus, ost och vin. Men först vill de stoppa barnen i säng:

– *Okej ungar, dags att gå och lägga sig.*
– *Nej, inte redan! Vi vill kolla på tv en stund till!*
– *Det blir inget med det. Vi skall åka till Josef och Leo imorgon så ni behöver komma i säng nu för att vara utvilade och orka med dagen.*

Det händer förstås att ett sådant här påstående är sant, att det vi ber om är för barnens skull. Det är inte de tillfällena jag skriver om, utan om alla de tillfällen när vi låtsas att våra uppmaningar sker av omsorg om barnen, men de egentligen sker av omsorg om oss själva. Som när anledningen till att vi uppmanar barnen att gå och lägga sig *egentligen* inte alls är att vi oroar oss för deras sömnbehov, utan snarare att vi är måna om vår vuxentid. Jag tror nämligen att barnen märker när vi inte är uppriktiga mot dem. Barn har en otrolig förmåga att ana sig till när vuxna säger en sak och tänker en annan. De märker det på vårt röstläge, någon liten spänning i käkmusklerna eller vårt kroppsspråk. Jag är också övertygad om att barnen påverkas av vår bristande uppriktighet, att den får konsekvenser både på barnens självkänsla och på kvaliteten i vår gemensamma relation.

Har du någon gång träffat en person som du upplevt som "oäkta"? Som spelat en roll istället för att visa sina verkliga tankar, känslor och behov? Hur kände du dig då? Personligen upplever jag ett visst obehag vid sådana tillfällen. Jag börjar fundera över vem den här människan egentligen är. Jag känner också osäkerhet och det händer att jag börjar fundera på om det är något *med mig* som gör att hon inte säger som det är.

Jag tror att barns reaktioner är rätt lika mina vuxenreaktioner. De känner också obehag och börjar tvivla på sig själva när de möts av vuxna som "spelar en roll" istället för att vara uppriktiga med vad de tänker, känner och behöver. "Är det något fel på mig som gör att mamma och pappa inte säger som det är?" Barnets självkänsla påverkas och tilliten och ömsesidigheten i relationen riskerar att minska.

Ytterligare en konsekvens av vuxnas rollspel är att barnen tenderar att "sätta sig på tvären". När de uppmanas att gå och lägga sig för att orka upp imorgon blir svaret sällan: "Jaha, behöver jag sova? Då går jag och lägger mig nu." Istället brukar sådana här påståenden, när barnen känner på sig att föräldrarna inte är uppriktiga, snarast trigga dem att hålla igång en stund till. Barnen stannar uppe för att skrapa på föräldrarnas "pedagogiska fasader" och undersöka vad som finns där bakom. Bästa sättet att få veta varför man skall gå och lägga sig tycks vara att stanna uppe en stund till. (Förr eller senare kommer vanligen också svaret när en förälder irriterat utbrister: "Nu får ni för sjutton se till att komma i säng så att vi vuxna får vara i fred!")

Dialog för att hitta en lösning

Nu vet du alltså vad du skall undvika att säga om du vill att ditt barn skall bry sig om dina behov och du samtidigt är mån om hennes självkänsla. Alla de sätt att uppmana och tillrättavisa ett barn som jag beskrivit hittills i kapitlet riskerar att nagga på hennes självkänsla. Nu är det dags att titta på hur man kan göra istället, om man vill att barnet *både* skall bry sig om förälderns behov *och* vara trygg i uppfattningen att hon själv är värdefull och duger, precis som hon är. Jag kommer i det följande att presentera en kommunikationsmodell som består av fyra olika komponenter: de egna observationerna, känslorna, behoven och önskemålen. (Vill du läsa mer om modellen föreslår jag att du börjar med boken *Nonviolent communication. Ett språk för livet* av Marshall Rosenberg.*)

Jag vill gärna betona att syftet med modellen är att underlätta för barnet (eller för den delen också en vuxen person) att höra det som sägs med empatin påkopplad. Det är inte liktydigt med att barnet alltid är villigt att tillmötesgå förälderns önskemål. Svaret kan fortfarande bli "nej". Men den som inte mötts av ilska, hot, mutor, skuld- eller skambeläggande är ofta villig att fortsätta dialogen för att hitta en lösning som tillgodoser båda parters behov. Förutsättningen är förstås att föräldern också är villig att lyssna på *barnets* behov och försöka hitta en lösning som fungerar för dem båda. Om föräldern bara kan acceptera en lösning, sin egen, är utsikterna för att barnet skall vilja lyssna tämligen dåliga. Uttryckt i klartext: Modellen erbjuder inget icke-kränkande knep för att få barn att göra som föräldrarna vill. Att tillämpa den här modellen förbättrar däremot förutsättningarna för samarbete mellan föräldrar och barn och ger näring åt självkänslan, både barns och föräldrars.

Innan jag presenterar modellen vill jag också understryka att den, i likhet med modellen för lyssnande som presentera-

* Rosenberg, Marshall (2003) *Nonviolent Communication. Ett språk för livet.* Svensbyn: Friare Liv Förlag.

des i kapitel 5, är tänkt som ett stöd för att skapa kontakt. Det är kontakten som är viktig, inte modellen. Min förhoppning är att modellen kan fungera som ett skelett. Ett skelett som du som läser klär med ett språk som du gillar och är bekväm med. Det är när man gjort modellen till sin egen som den kan bidra till att skapa äkta och empatisk kontakt.

Steg 1: Berätta vad du observerar
"Mamma, vad är det egentligen vi bråkar om?" Jag minns ett tillfälle när min son ställde den här frågan till mig mitt i ett gräl. Den var synnerligen motiverad. Vi hade båda gått omkring och slängt irritation på varandra under en lång stund, men vad som egentligen utlöst irritationen visste ingen av oss.

Det krävs förmodligen ett ärligt och nyfiket barn för att ställa en fråga som denna. De flesta vuxna är fulla av prestige och vill ogärna erkänna att de faktiskt inte riktigt vet vad meningsutbytet de är involverade i rör sig om. Det finns en rädsla för att stanna upp och försöka förstå "motpartens" perspektiv eftersom det kan misstas för eftergivenhet. Därför väljer många av oss att bråka tillbaka och argumentera emot, trots att vi alltså inte riktigt vet vad det är vi bråkar om eller argumenterar emot.

Det säger sig självt att sådana konflikter är svåra att lösa. Om det inte är tydligt för alla inblandade vad en konflikt handlar om är det besvärligt att hitta en ömsesidigt accepterad lösning. Av den anledningen är det av yttersta vikt att den som har ett problem med en annan människas beteende börjar med att tydliggöra exakt vad det är som är problematiskt. Det handlar om att skapa en gemensam plattform från vilken samtalet kan ta sin utgångspunkt. Det betyder förstås inte att man redan från början är ense i sak, men att man är ense om vilken sak man pratar om.

Låt oss anta att din dotters legobitar ligger utspridda på vardagsrumsgolvet. Du ogillar när det är stökigt och du har dessutom vid upprepade tillfällen konstaterat att det gör rätt ont att få en legobit inkilad mellan tårna. Därför vill du att hon städar undan. Låt oss också anta att du vill att anledningen till att din dotter städar är att hon förstår vad som är viktigt för dig och vill bidra till det. Du vill undvika att hon plockar upp bitarna av rädsla för vad som annars händer eller för att slippa skämmas för sin slarvighet.

I syfte att skapa samtalets gemensamma plattform behöver du börja med att tydliggöra för barnet vad hon gjort eller gör, som är problematiskt för dig. Att höra att ens eget beteende utgör ett problem för någon annan är sällan roligt. För att undvika att barnet går i försvar eller hamnar i skuld- eller skamkänslor är det viktigt att uttrycka sig så icke-anklagande som möjligt. Minimalt anklagande är att begränsa det man säger till rena observationer. Att bara berätta vad man lägger märke till. Om du följer det rådet kanske du säger till din dotter: "Jag ser att dina legobitar ligger på vardagsrumsgolvet."

Att du uttrycker en observation garanterar på intet sätt att din dotter är intresserad av att lyssna på vad du härnäst har att berätta om dina känslor och behov, men det ger dig förhållandevis goda chanser. Bättre chanser än om du skulle inleda samtalet med att tolka din dotters beteende. Kanske skulle du då säga: "Jag ser att du räknar med att någon annan skall städa upp efter dig!" eller: "Du bara sprider ut dina grejer utan någon som helst tanke på oss andra!" Att inleda så här är att be om konflikt. Barnets fokus flyttas genast från legobitarna på golvet till att försvara sig mot det som hon upplever som en orättvis anklagelse. Detsamma händer när föräldern inleder samtalet med att sätta en negativ etikett på barnet och till exempel säger: "Du är så slarvig!" eller: "Du är ett riktigt stöktroll!" Varför skulle ett barn vilja lyssna på vad föräldern har att säga efter en sådan upptakt? Att fler anklagelser och förmodligen också befallningar är i antågande torde stå klart för de flesta.

Det låter enkelt att formulera sig i observationstermer. De flesta som försöker, konstaterar att det är lite klurigt. Vi människor observerar och tolkar det vi observerar nästan momentant. Vi ser en man som vinglar på gatan och tänker i samma stund att han nog är berusad. Vi ställer soppåsen på dörrmattan och när partnern tar ett stort kliv över den kommer tolkningen omgående: "Jag lever med en lat egoist!" Vi ser och hör en flicka skrika vid mataffärens godisdisk och tänker att hon är "trotsig".

Jag brukar föreslå att den som vill uttrycka en observation skall föreställa sig att hon lever i en "Big Brother-värld". I Big Brother finns kameror. Många kameror. Kamerorna gör inga tolkningar och sätter inga etiketter. Kamerorna ser varken berusade människor, egoistiska partners eller trotsiga barn. De registrerar däremot en person som vinglar på gatan, en person som tar ett kliv över en påse på dörrmattan och ett barn som skriker: "Jag vill ha godis!"

Här kommer ytterligare några exempel för att tydliggöra skillnaden mellan observationer, tolkningar och etiketter:

OBSERVATION: "Du kom hem kvart över fyra."
TOLKNING: "Du respekterade inte den tid vi bestämt."
ETIKETT: "Du är nonchalant som kommer hem för sent."

OBSERVATION: "Din tallrik står på bordet."
TOLKNING: "Du har struntat i att duka av."
ETIKETT: "Du är slapp som lämnar din tallrik på bordet."

OBSERVATION: "Du säger att du inte vill äta potatis."
TOLKNING: "Du konstrar med maten."
ETIKETT: "Du är kräsen."

OBSERVATION: "Du sätter vantarna på fötterna."
TOLKNING: "Du larvar dig."
ETIKETT: "Du är fånig när du håller på så där med vantarna."

OBSERVATION: "Du sade att din syster har utstående öron."
TOLKNING: "Du retar din syster."
ETIKETT: "Du är elak mot din syster."

Låt mig sammanfatta. Det första steget i att uttrycka sig på ett sätt som gör det troligt att ett barn (eller en vuxen människa) vill lyssna och vill försöka förstå är att sätta ord på sina iakttagelser – utan att anklaga, kritisera, skuld- eller skambelägga.

Steg 2: Berätta vad du känner
Nästa steg är att uttrycka vilken eller vilka känslor man har. Med känsla menar jag kroppsliga förnimmelser. En känsla *känns* i kroppen. Glad, irriterad, besviken, förskräckt, förvånad, orolig, hungrig och trött – det finns alltid kroppsliga tecken (om vi är uppmärksamma) på de känslor vi har. (En lista med exempel på känslor finns på sidan 191.) Upplevelsen av känslor är något som förenar alla människor. Om jag säger att jag är glad vet du hur det känns, eller hur? Detsamma gäller också andra känslor som till exempel sorg, irritation, nyfikenhet, entusiasm och avundsjuka. Genom att vi alla har samma känslomässiga referenser blir det lättare för oss att sätta oss in i andra människors verklighet när vi får veta vad de känner: "Aha! Hon är glad! Det vet jag hur det känns."

Om man däremot pratar om vad som rör sig i huvudet är chansen till igenkänning och kontakt betydligt sämre eftersom tankar inte är allmänmänskliga. Om jag till exempel säger att jag tycker att något är avskyvärt förstår andra människor inte direkt vad jag menar. Risken finns att fokus flyttas, från min upplevelse till en bedömning eller ett ifrågasättande av min upplevelse: "Avskyvärt? Vad menar hon med det egentligen?! Det är väl mer skrämmande, skulle jag säga ..." För den som vill skapa goda förutsättningar för kontakt och ömsesidig förståelse är det alltså viktigt att uttrycka sina känslor, snarare än sina tankar.

Ett vanligt misstag i det här sammanhanget är att tro att så länge man använder ordet "känner" uttrycker man en känsla. Så är det inte. "Känner" används i många sammanhang utan att det faktiskt ger uttryck för en känsla. Ibland används det för att beskriva vad vi tycker att vi *är*: "Jag känner mig som en värdelös mamma." ("Jag tycker att jag är en värdelös mamma.") Ibland används det för att beskriva vad vi tycker att någon annan *gör mot oss*: "Jag känner mig sårad." ("Jag tycker att han har sårat mig.") Det sistnämnda kallas ibland för tankekänslor och några andra exempel på sådana är att känna sig nonchalerad, kränkt, åsidosatt, ifrågasatt, ignorerad och missförstådd. Självklart kan man använda ordet "känner" även på dessa sätt, det jag vill framhålla är att det ofta försvårar för den man pratar med att relatera till det som sägs och reagera med empati. Mitt råd är därför att försöka uttrycka den kroppsligt förknippade känsla som finns bakom uttryck som "jag känner mig värdelös" (uppgivenhet? sorg?) och "jag känner mig sårad" (besvikelse? ilska?).

Låt oss återvända till exemplet med dottern vars legobitar ligger på vardagsrumsgolvet. Om det var din dotter och du skulle uttrycka en känsla, hur skulle det låta? Skulle du säga "jag känner mig irriterad" eller "jag känner mig orolig"? Eller är det någon helt annan känsla som de färgade bitarna på golvet väcker i dig? Oavsett vilken känslan är – chansen att din dotter skall vilja förstå vad som är viktigt för dig ökar om du uttrycker vad du känner, istället för vad du tänker.

Steg 3. Koppla dina känslor till dina behov
Jag föreställer mig att känslor är som ett signalsystem för våra behov. En del känslor (till exempel glädje, avslappning, entusiasm och stolthet) skickar signaler om att behov som är viktiga för mig blir tillgodosedda. Andra känslor (till

exempel ilska, besvikelse, oro och skam) gör mig uppmärksam på att ett eller flera av mina behov ropar efter att bli tillgodosedda.

Det tredje steget när man vill kommunicera på ett sätt som väcker medkänsla är därför att koppla ihop känslorna med de egna behoven. Om du gör det när du skall säga till ditt barn om legobitarna på golvet säger du kanske: "När jag ser dina legobitar på golvet känner jag mig irriterad eftersom jag vill ha ordning."

Det finns flera finesser med att koppla sina känslor till de egna behoven, istället för att lägga ansvaret för att man känner som man gör på andra människor. För det första underlättar det för barnet (eller vem man nu pratar med) att höra det som sägs med den egna empatin påkopplad. Det är lättare att ta till sig vad andra människor känner och behöver när man själv inte åläggs ansvaret och skulden för vad de känner och behöver. Den som däremot möts av anklagelser eller kritik brukar ha svårt att lyssna empatiskt. Istället läggs det mesta av energin på att försvara sig, komma med motanklagelser eller hantera sina skuldkänslor.

Den andra fördelen med att koppla känslorna till de egna behoven är att det också skapar möjlighet att själv agera för att tillgodose sina behov. Om du tänker att du är irriterad för att du behöver mer ordning omkring dig, kan du handla för att få det behovet tillgodosett. Du kan förstås städa själv, eller be din partner göra det, du kan stänga dörren till rummet där det är oordning eller gå till ett annat rum. Om du istället tänker att det är din dotter som gör dig irriterad betyder det att du måste vänta på att hon skall ändra sitt beteende för att du skall kunna släppa din irritation. Den väntan kan bli väldigt lång.

Den tredje fördelen med att koppla ihop känslorna med de egna behoven och benämna dem är att det hjälper barnet att utveckla ett rikt behovsordförråd och att våga använda det. För visst är det väl så att vi gärna vill att barnen skall kunna sätta ord på sina behov? Att de skall säga: "Jag längtar efter kramar och närhet, mamma!" istället för att gnälla och prata bebisspråk? Att de skall säga: "Jag vill vara ensam!" istället för: "Du får inte vara i mitt rum, din jävla skitunge!" Att barn gör som vuxna gör är en sanning som tål att upprepas. Den som vill ha barn som benämner och ber om respekt för sina egna behov bör därför sträva efter att själv göra detsamma.

Här är ytterligare några exempel på hur det kan låta när en förälder tar ansvar för sina känslor genom att koppla ihop dem med sina behov och hur det kan låta när så inte sker:

TAR ANSVAR FÖR SINA KÄNSLOR:
"När du säger att jag skall städa själv känner jag mig ledsen eftersom jag längtar så mycket efter mer samarbete."

TAR INTE ANSVAR FÖR SINA KÄNSLOR:
"Tänk att jag alltid måste bli så besviken på dig! Varför kan du inte bara hjälpa till med städningen?"

TAR ANSVAR FÖR SINA KÄNSLOR:
"Jag känner mig tveksam när jag hör att du pla-

nerar att tälta i skogen med Lina eftersom jag vill
vara trygg med att du inte kommer att fara illa."

TAR INTE ANSVAR FÖR SINA KÄNSLOR:
"Jag blir förstås tveksam till att låta dig tälta med
Lina eftersom du inte berättar något om era
planer!"

TAR ANSVAR FÖR SINA KÄNSLOR:
"När du säger 'och!?' och går till ett annat rum
när jag pratar känner jag mig både irriterad och
ledsen eftersom jag längtar efter att uppleva mig
förstådd."

TAR INTE ANSVAR FÖR SINA KÄNSLOR:
"När du säger 'och!?' och går till ett annat rum
när jag pratar gör du mig både irriterad och
ledsen eftersom jag vill att du skall lyssna på
mig nu!"

Steg 4. Uttryck ett önskemål
Barn är, i likhet med oss vuxna, inga tankeläsare. Därför
räcker det inte att berätta vad man observerar, känner och
behöver och sedan vänta på att barnet gör som man vill. Jag
minns en gång när detta blev särskilt tydligt för mig. Jag satt
vid köksbordet och läste och barnen lekte, i mitt tycke, väl
högljutt bredvid. För att påtala detta sade jag: "Hörrni, jag
känner mig irriterad när ni skriker här i köket. Jag behöver
ha lugnt och tyst omkring mig." Jag hoppades att de själva

skulle komma till slutsatsen att sänka ljudvolymen eller gå till ett annat rum. Min son fick emellertid en hel annan idé och hämtade hörselkåpor till mig. I syfte att göra det lättare för barnet att förstå vad man vill, och därigenom också öka chansen att få vad man vill, kan det alltså vara klokt att inte bara uttrycka vad man känner och behöver utan att också berätta vilka specifika önskemål man har.

Att precisera sina önskemål är viktigt av ytterligare en anledning: Det minskar risken att barnet får skuldkänslor för sitt agerande. Anta att en förälder säger till ett barn: "När jag ser att du sitter framför tv:n känner jag mig irriterad eftersom jag vill se mer samarbete i vår familj." Det är tydligt för barnet att hon gör något som föräldern inte vill. Samtidigt är det otydligt vad föräldern vill att barnet skall göra istället. Det blir en sorts skuldfälla som barnet inte vet hur hon skall ta sig ur.

Det fjärde steget för den som vill kommunicera på ett sätt som bidrar till att skapa kontakt och förståelse är alltså att formulera ett önskemål. Önskemål kan vara av två typer. För det första kan vi be barnet utföra en *specifik handling*. Till barnet vars legobitar ligger på vardagsrumsgolvet kan föräldern exempelvis säga: "Jag vill att du plockar upp alla dina legobitar som ligger i vardagsrummet och lägger dem i den gröna korgen. Är du villig att göra det nu?" Vi kan också, för det andra, uttrycka önskemål om återkoppling på det vi själva sagt. Detta brukar kallas för *kontaktinriktade önskemål*. Önskemålet är helt enkelt att skapa kontakt och samtal. Om föräldern till barnet med legobitarna har en sådan önskan kanske hon säger: "Jag skulle gärna vilja att vi pratade om hur vi kan skapa mer ordning i vardagsrummet. Kan du tänka dig att prata om det nu?"

När jag leder föräldrakurser brukar jag låta deltagarna öva sig på att formulera önskemål till sina barn. En del reagerar med förvåning på dessa övningar: "Hur svårt kan det egentligen vara att berätta vad man vill?!" Rätt svårt, brukar den allmänna uppfattningen vara efter en stunds övande. Framför allt är det tre saker som är viktiga att tänka på:

* *Berätta vad du vill att barnet skall göra.* Många föräldrar berättar gärna vad de *inte* vill att barnen skall göra: "Skrik inte!", "Sluta tjata nu!", "Jag har ju sagt till dig att inte lägga kläderna på golvet i hallen!" Problemet med sådana uppmaningar är förstås att de ger väldigt knapphändig information om vilket *det önskade* beteendet är. Man får inte skrika, men vad får man göra istället? Viska? Sjunga? Vara helt tyst? Och hur länge skall man göra detta andra, vad det nu är? En minut? Resten av dagen? Hela livet? Och var skall detta andra göras? I köket? Eller i hela huset? Ute också?

Jag var på kurs vid ett tillfälle där vi deltagare fick göra en övning som illustrerade problemen med att uttrycka negerade önskemål. Tjugofem personer satt i en cirkel. En fick lämna rummet medan vi andra skulle komma överens om vad vi ville be honom om när han kom in igen. Vi bestämde att vi skulle be honom att stå på ett ben och vifta med armarna, som i den klassiska fågeldansen. Kruxet var att vi bara fick uttrycka vad vi inte ville: "Ligg inte!" "Sitt inte!" "Håll inte armarna stilla!" Det tog närmare tio minuter för honom att förstå vad vi ville att han skulle göra. Tio minuter av frustration, för både honom och oss, som vi kunde besparat oss om vi hade bett om det vi ville, istället för om det vi inte ville.

* *Var tydlig med vad du vill.* Det andra man behöver tänka på när man formulerar ett önskemål är att precisera vad det är man vill be barnet om. Det gäller att undvika diffusa eller dubbeltydiga formuleringar. Detta kan också låta helt självklart, men den som lyssnar på sig själv under en dag märker förmodligen att det slinker igenom en och annan otydlig önskning som: "Skärp dig!", "Lugna ner dig!" och "Var snäll mot din bror!" Ibland beror dessa otydligheter förmodligen på att vi tycker att barnen borde förstå vad vi menar, ibland tror jag också att det handlar om att vi själva inte riktigt vet vad vi menar (men ändå hyser en förhoppning om att barnen skall förstå). Sedan tror jag att det finns tillfällen när vi skäms för vad vi önskar och hoppas att barnen skall förstå det utan att vi behöver uttala det. Jag träffade vid ett tillfälle en mamma som var väldigt upprörd över att hennes son "inte lyssnade" på henne. Hon uppmanade honom ofta att lyssna, men tyckte sig inte se några som helst resultat av dessa uppmaningar.

– Jag är inte helt säker på att det är tydligt för din son vad du menar när du ber om honom att lyssna.

– Men det är väl inte så svårt att förstå? Det handlar ju bara om att öppna öronen!

– Så om han hör vad du säger är du nöjd?

– Mja, han måste förstås ta det på allvar också ...

– Vad betyder det?

– *Jag skulle tro att det betyder att jag vill att han gör
som jag säger ... Utan att tjafsa.*

– *Så det du egentligen menar när du säger 'lyssna' är
'var tyst medan jag pratar och gör sedan exakt det jag
säger att du skall göra utan att ifrågasätta'?*

– *Ja, fast det kan jag ju inte gärna säga. Det låter ju
förfärligt att säga så ...*

* *Var öppen för att det kan finnas flera olika lösningar.* Det här är den största utmaningen för de flesta föräldrar. Vi tycker oss många gånger tydligt se att den enda rätta och möjliga lösningen är vår egen. (Och så kan det kanske vara vid en del tillfällen, men jag vågar påstå att det inte är tillnärmelsevis lika ofta som vi föräldrar vill tro.) När det händer förvandlas vårt önskemål till ett krav – kan du bara acceptera ett ja på din uppmaning eller fråga så är det ett krav, oavsett i vilken språkdräkt den kläs. Problemet med krav är att de kraftigt reducerar barnets förmåga att ta kontakt med sin inneboende empati. Istället väcker upplevelsen av tvång vanligen någon av två reaktioner: motstånd eller lydnad. Effekten är dessutom långsiktig. Ju fler krav ett barn ställs inför desto större är risken att hon uppfattar framtida önskemål som krav och väljer att göra motstånd eller underkasta sig istället för att reagera med empati.

Sammanfattningsvis
I det här avsnittet har jag skrivit om hur man som förälder kan uttrycka sig för att underlätta för barnet att höra det som

sägs med empatin påkopplad. Föräldern som är mån om ordning och ogillar att dotterns lego ligger på vardagsrumsgolvet kan berätta vad hon observerar, känner och behöver och vilket eller vilka önskemål hon har:

"När jag ser att dina legobitar ligger på golvet (observation) *känner jag mig irriterad* (känsla) *eftersom jag vill ha ordning* (behov). *Jag vill att du plockar upp alla dina legobitar och lägger dem i den gröna korgen. Är du villig att göra det nu* (önskemål)*?"*

Här nedan finns några fler exempel på hur man som förälder kan uttrycka sig i olika situationer för att göra det lättare för barnet att behålla kontakten med sin empatiska förmåga. (Situationerna är de som beskrevs på sidan 125). Men kom ihåg att det inte ligger någon magi i själva orden! En grundförutsättning är att den som uttalar dem verkligen vill ha kontakt och är öppen för att det finns mer än en lösning. Om föräldern redan har bestämt sig för att den egna lösningen är den enda tänkbara, är förutsättningarna för att få till stånd en ömsesidigt respektfull dialog tämligen usla.

"När du säger 'idiot' till din syster (observation) *känner jag mig ledsen* (känsla) *eftersom det är viktigt för mig med respekt och omtanke* (behov). *Vill du berätta för mig vad du tänker om det* (önskemål)*?"*

"När du säger att du vägrar sätta på dig cykelhjälmen (observation) *känner jag mig både rädd och orolig*

(känsla) *eftersom jag älskar dig så mycket och vill vara trygg när du cyklar* (behov). *Jag vill gärna veta vad du känner när jag säger det* (önskemål)."

"*Nu är det fjärde gången du frågar mig något under det här telefonsamtalet* (observation). *Jag känner mig arg* (känsla) *eftersom jag är väldigt mån om kontakten med min vän* (behov). *Är du villig att vara i ett annat rum i fem minuter* (önskemål)?"

När barnet gör det du ber om

Låt oss anta att flickan plockar upp sina legobitar och lägger dem i den gröna korgen, som föräldern i exemplet bad om. Varför gör hon det? Vad är det som händer i flickan som gör att hon plötsligt är villig att göra det som hon tidigare inte gjorde? Det kan förstås vara så att förälderns ord väcker rädsla, skuld eller skam i barnet – trots att det inte alls var förälderns avsikt – och att hon agerar på någon av dessa känslor. (Risken för detta behöver man alltid vara uppmärksam på.) Troligare är att hennes behov har skiftat. Behovet av lek (om hon var i full färd med ett legobygge) eller kanske av avkoppling (om hon tittade på tv) överskuggas plötsligt av en vilja att bidra eller en egen längtan efter ordning.

En mamma jag mötte i vägledning berättade om ett tillfälle när hon blivit medveten om kraften i ett sådant här behovsskifte hos sig själv. Det var kväll och hon satt framför tv:n, utmattad efter en ovanligt jobbig dag. Hennes son var nattad och hon såg fram emot en timmes avkoppling innan hon själv skulle gå och lägga sig. Därför kände hon sig irriterad när pojken efter fem minuter ropade att han ville ha ett glas vatten. En kvart senare var han förstås kissnödig och ropade att han inte vågade gå ensam på toa. Efter ytterligare några vändor när gosedjuret hade kommit bort och en lampa måste tändas var mamman slutligen inte bara irriterad, utan också frustrerad och arg. Hon ville vara ifred! Hon hade behov av vila och lugn och ro. När sonen ännu en gång kom smygande in i tv-rummet lyfte hon därför upp honom och började med mycket bestämda steg gå mot sovrummet. Sonen snyftade till, slog armarna om halsen på henne och viskade försiktigt i hennes öra: "Jag vill ju bara ha kärlek mamma!" Plötsligt kände hon sig helt annorlunda. "Det liksom bara knäppte till inuti", berättade hon för mig. "Det var inte alls viktigt att sitta och glo på tv längre! Nu kändes det som att jag inget hellre ville än att vara med min son. Att ligga bredvid honom och mysa."

Jag minns första gången jag lade märke till att mina behov skiftade. (Det hade förstås hänt tidigare också, men då hade jag inte tänkt på det i samma termer.) Jag stod i köket och lagade mat. Barnen hade ett stort pysselprojekt på gång på köksbordet. Pärlor, papper, piprensare, lim, tejp och diverse annat material låg utspritt. När jag bad dem plocka undan för att vi skulle äta svarade min son: "Men mamma! Vi vill inte städa, vi har ett jättekul bygge på gång, jag och lillsyrran." Eftersom jag nyligen hade varit på kurs och lärt mig lyssna bortom orden hörde jag att där fanns behov av kreativitet, lek och gemenskap. (Tidigare skulle jag nog bara ha tänkt att barnen var lata och att det var typiskt att de aldrig ville städa upp efter sig.) När jag blev medveten om de behoven var det som att det klickade till i mig och jag ville att barnen skulle få fortsätta sitt pyssel vid köksbordet. Därför föreslog jag att vi skulle lägga en filt på golvet och äta "picnick-middag". Men var jag inte i själva verket eftergiven då? Lät jag inte barnens behov gå före mina egna? Nej, mina behov hade ju skiftat. Jag hade kommit i kontakt med att kreativitet, lek och gemenskap var viktigt för mig också och att jag gärna ville bidra till att barnen fick uppleva det genom att ha kvar sina pysselsaker på köksbordet. Eftergiven hade jag varit om något sådant skifte inte skett, om jag suckande lagt ut filten på golvet och tänkt att det var typiskt att barnen skulle få sin vilja fram på min bekostnad.

Ett skifte kan uppkomma när man får kontakt med den andra människan och känner igen behovet i sig själv. Då vaknar den naturliga drivkraften att tillgodose behov. På samma sätt som mammor och pappor kan skifta när de får kontakt med det behov barnet uttrycker kan naturligtvis också barnen skifta när de får kontakt med behovet som föräldrarna uttrycker. Men barn är, som jag skrev tidigare, inga tankeläsare. Därför underlättar det för dem att deras föräldrar sätter ord på behoven. Jag blev påmind om det när jag för ett tag sedan bad min dotter sänka volymen på tv. "Nej, jag vill inte!" blev svaret. "Jag ber dig eftersom pappa sover och jag gärna vill att han skall få sova ostört", sade jag och följde sedan upp med en fråga: "Vad tänker du om det älskling?" Hon tog genast upp fjärrkontrollen och sänkte volymen samtidigt som hon sade: "Ja men, varför sade du inte att det var därför?" Jag tolkar det som att när hon förstod anledningen till mitt önskemål blev det tydligt för henne att den anledningen var meningsfull och viktig för henne också. På samma sätt är det förmodligen för barnet i exemplet med städningen av legobitarna. Om hon gör som föräldern ber om, är en trolig anledning till det att hennes behov har skiftat. Hon har kommit i kontakt med att hon vill bidra till förälderns behov av ordning eller så har hon blivit påmind om att ordning är något som hon också vill ha.

När barnet säger nej

"Men alltså, om man säger till barnet att 'jag vill att du lägger legobitarna i korgen' och hon svarar att hon inte vill. Vad gör man då?" Jag brukar knappt ha hunnit dra efter andan när jag pratat om att uttrycka sig med respektfull ärlighet innan någon i publiken ställer den här frågan. Det finns en oro bland somliga föräldrar för att uttrycka sig i termer av "jag vill". Om barnet svarar med "jag vill inte" är det ju två viljor som ställs mot varandra! Vems vilja skall då avgöra? Därför föredrar de att använda ord som "måste", "behöver", "får inte", "kan inte" och "hinner inte". En del föräldrar berättar att de upplever att ord som dessa skänker tyngd åt deras önskemål. Det är liksom inte bara den egna viljan mot barnets vilja. Den som vet vad man måste, behöver, inte får, kan eller hinner har liksom verkligheten på sin sida och ett övertag i förhandlingen.

Jag känner mig förvånad varje gång jag hör detta resonemang. Det är som att föräldrar inte vågar lita på att de egna behoven och önskemålen är tillräckligt värdefulla för barnet, utan istället måste övertyga med hjälp av generella påståenden om hur verkligheten är beskaffad (vad man får och inte får, måste och behöver och så vidare). Men för barnet är det ju precis tvärtom. Hon bryr sig mycket mer om vad som är viktigt för de föräldrar hon älskar än vad hon bryr sig om generella påståenden om verkligheten.

Det stämmer förstås att den förälder som uttrycker sig i termer av "jag vill" underlättar för barnet att uttrycka "jag vill inte". Givet att man vill ha barn som agerar utifrån medkänsla, snarare än rädsla, skuld, och skam, ser jag inga problem med det, tvärtom. Den som inte är helt fri att säga nej har också svårt att säga ett helhjärtat ja, ett ja grundat i medkänsla. (Känn efter i dig själv! Om din partner ber dig att åka och storhandla ensam och du vet att ett nej från din sida kommer att följas av ilska, irritation eller plågade suckar – känns då ditt ja lika helhjärtat som om du trott att ett nej blivit mött med respekt?)

Med detta sagt kvarstår ändå frågan vad man som förälder skall göra när barn säger nej till de önskemål som uttrycks. Måste man ge upp sina egna behov då? Det korta svaret är nej, det måste man verkligen inte.

Låt oss gå över till det långa svaret, svaret som handlar om *hur* man kan respektera ett nej, utan att ge upp sina egna behov. Det första som man behöver ha i åtanke är att det alltid finns behov bakom varje nej. Likaväl som förälderns önskemål grundar sig i förälderns behov grundar sig barnets nej i barnets behov. I syfte att komma fram till en ömsesidigt accepterad lösning behöver föräldern därför vara beredd att lyssna på barnets behov och ta dem i beaktande. Vi återvänder till legoexemplet. Om barnet säger nej till förälderns önskemål om att omedelbart plocka upp legobitarna på golvet behöver föräldern alltså försöka förstå vilket behov det är barnet värnar om. Här kommer färdigheterna i empatiskt lyssnande, som jag beskrev i kapitel 5, väl till pass eftersom barn sällan tydligt uttalar sina behov. Istället säger måhända barnet: "Men!!! Varför måste jag alltid städa!? Jag är faktiskt jättetrött. Jag vill ligga här i soffan och kolla på tv!" Föräldern som lyssnar bortom orden gissar att där finns ett behov av vila och svarar: "Aha, så det är viktigt för dig med vila? Att få slappa och gå ner i varv?" Barnet nickar nöjt och säger: "Ja, så är det. Jag behöver vila!"

När föräldern fått klart för sig vilket behov barnet försöker tillgodose genom att ligga i soffan och titta på tv kan två saker hända. Antingen skiftar förälderns behovsprioritering – föräldern upplever att barnets vila är viktigare än ordningen i rummet – eller också skiftar prioriteringen inte, ordningen är fortsatt viktig för föräldern. Det sistnämnda kan tyckas som ett låst läge, som att behov står mot behov. Föräldern vill ha ordning och barnet vill ha vila. Men det som står mot vartannat är inte behoven, utan de strategier som föräldern och barnet föredrar. Föräldern vill att barnet omedelbart plockar upp legobitarna och lägger dem i den gröna korgen. Barnet vill just nu hellre sitta kvar i soffan och titta på tv.

För att hitta en lösning som tillgodoser både förälderns behov av ordning och barnets behov av vila behöver båda vara villiga att ge upp de strategier som de själva föredrar

och hitta en ny, gemensamt accepterad, strategi. (Jag skrev om den här formen av konfliktlösning på sidorna 34–37.) Om den villigheten finns kanske samtalet utvecklar sig vidare genom att föräldern säger: "Okej. Så jag förstår att du gärna vill vila. Samtidigt är det viktigt för mig med ordning. Har du någon idé om hur vi kan göra så att det blir bra för både dig och mig?"
Frågan är ofta förlösande genom att den visar förälderns avsikt att ta både sitt eget och barnets behov på allvar. Under förutsättning att det i grunden finns en ömsesidigt respektfull relation mellan föräldern och barnet kommer barnet med största sannolikhet att försöka bidra till den gemensamma konfliktlösningen genom att föreslå möjliga strategier som kan accepteras av dem båda:

"Jag kan skjuta ihop allt lego i ett hörn av rummet."

"Jag kan plocka upp alla lösa delar, men byggena vill jag ha kvar!"

"Jag städar när programmet jag tittar på är slut."

Naturligtvis kan föräldern också föreslå strategier som hon tror kan tillgodose både det egna behovet av ordning och barnets behov av vila. När föräldern och barnet resonerat sig fram till en ömsesidigt accepterad strategi är konflikten, åtminstone för tillfället, löst.

Jag skall snart ta upp de vanligaste funderingarna som likvärdig konfliktlösning kan väcka bland föräldrar. Innan jag gör det vill jag försöka bidra med ännu lite mer tydlighet genom att visa hur modellen kan tillämpas i en situation som är vanlig i många familjer med lite äldre barn och tonåringar. Föreställ dig att du är förälder till en tolvåring. I er familj brukar ni äta middag tillsammans klockan sex, men den senaste tiden har tolvåringen sällan kommit hem förrän kvart över sex. Du vill gärna uttrycka dina egna behov och önskemål i relation till detta och därför säger du kanske till honom:

"*Jag har lagt märke till att du kommit hem kvart över sex de senaste tre dagarna och resten av familjen börjar äta middag klockan sex* (observation). *Jag känner mig besviken* (känsla) *eftersom jag gillar gemenskap, att vi träffas och pratar med varandra* (behov). *Därför undrar jag om du är villig att ta en tidigare buss imorgon* (önskemål)?"

Kanske väcker förälderns ord något i barnet som gör att hans behov skiftar – "Jamen just det, jag gillar också att vi träffas och pratar i familjen!" – och han svarar att han är villig att ta en tidigare buss nästa dag. Eller så sker inget skifte och barnet svarar något i stil med: "Men alltså! Då får jag ju åka själv. Alla andra tar ju bussen som går halv sex!"

Om du är intresserad av att skapa empatisk kontakt med ditt barn och inte bara vill att han skall sitta vid middagsbordet klockan 18.00, oavsett vad han tycker om det, behöver du nu växla fokus, från dina egna behov till att försöka förstå vad det är som är viktigt för barnet. Därför gör du en gissning som du stämmer av med barnet: "Handlar det om att det är viktigt för dig att vara tillsammans med dina vänner?"

Om barnet bekräftar gissningen blir nästa steg att tydliggöra behoven och öppna för gemensam konfliktlösning: "Okej, så jag förstår att det är viktigt för dig att vara med dina vänner. Samtidigt är det viktigt för mig att vi har utrymme för gemenskap i familjen. Har du lust att snacka om hur vi kan göra så att vi kan få både och?"

När man fokuserar på behoven som de inblandade personerna har finns det plötsligt en uppsjö av möjliga lösningar som gör att alla kan få sina behov tillgodosedda. Flytta middagstiden till kvart över sex? Ta en tidigare buss och istället träffa kompisarna efter middagen? Ge upp tanken på gemensamma familjemiddagar och istället dricka te tillsammans lite senare på kvällen? Om man däremot låser sig vid tanken på att det bara finns ett sätt är risken överhängande att man inte alls får det man behöver.

Funderingar om likvärdig konflikthantering

Mitt barn bryr sig bara om sina egna behov
Likvärdig konflikthantering bygger på att samtliga personer som är inblandade i en konflikt är villiga att försöka hitta en lösning som tillgodoser allas behov. Detta väcker oro hos en del föräldrar som tycker sig se tecken på att barnen mest bryr sig om sina egna behov. "Vad gör man om barnen struntar i föräldrarnas behov och bara tänker på sig själva?" undrar de. Frågan är, som jag skrev om i kapitel 4, symtomatisk för vår tids föräldrar som koncentrerar sig betydligt mer på att hitta lösningar än på att söka förståelse.

Jag vill föreslå att man gör tvärtom: börjar med att försöka förstå varför problemet uppkommer. Vad är det som gör att ett barn bara bryr sig om sina egna behov? Jag vågar påstå att svaret på den frågan mycket sällan är att barnet saknar empatisk förmåga (vilket annars är något av en standardtolkning). Istället tycker jag mig se två andra vanliga orsaker till att barn inte tar hänsyn till övriga familjemedlemmars behov. Det kan, för det första, handla om att barnen saknar tillit till att föräldrarna verkligen kommer att ta deras behov på allvar. Även om föräldrarnas fråga låter vacker – "Hur gör vi så att det blir bra för båda?" – har barnen kanske vid upprepade tillfällen upplevt att föräldrarna sätter sig själva i första rummet. Så varför tro på dem nu? I syfte att undvika ännu en besvikelse, och kanske också i syfte att hämnas på den som man upplever har sårat, väljer en del barn att inte ens försöka bidra till en likvärdig konfliktlösning.

Barn kan också, för det andra, sakna tillräckliga erfarenheter av att ta hänsyn till föräldrarnas behov. Kanske för att föräldrarna inte uttrycker sina egna behov, eller för att de backar från sina behov när de inte ser lösningar som alla kan acceptera. Ett barn som gång på gång och i olika situationer upplevt att de egna behoven tillåtits väga tyngre än föräldrarnas kan så småningom börja tro att det är rätt och riktigt, att det är så det skall vara.

Mot bakgrund av dessa förklaringar till varför vissa barn främst bryr sig om sina egna behov blir det tydligt varför likvärdig konflikthantering "inte funkar" i vissa föräldra-barnrelationer. Likvärdig konflikthantering förutsätter likvärdiga relationer. När endera parten inte är intresserad av att bidra till en likvärdig konflikthantering står man därför inför ett val. Man kan antingen ge upp tanken på likvärdighet och istället tillämpa maktmedel för att hantera konflikterna eller så kan man försöka (åter)upprätta likvärdiga relationer och på så sätt bygga en stabil grund för likvärdig konflikthantering.

När föräldrar söker hjälp hos mig för att de inte får till en likvärdig konflikthantering med sina barn börjar vi därför alltid med att vidga fokus – från att titta på formerna för konflikthantering till att titta på hela relationen. Hur ser familjens inbördes relationer ut när det gäller ömsesidig respekt (kapitel 2)? Intresse (kapitel 3)? Empati (kapitel 4 och 5)? Respektfull ärlighet (kapitel 6)? När familjelivet har tillräckligt stora inslag av detta följer likvärdig konflikthantering oftast helt naturligt.

Det blir för många ord

Observationer, känslor, behov och önskemål – en del föräldrar oroar sig för att det blir för många ord för barnen att lyssna på. Jag brukar fråga dessa föräldrar hur många ord de brukar använda för att förmå barnen att städa, komma i tid, klä på sig och allt det där andra som vi vuxna vill att de skall göra. De flesta föräldrar som uppmärksammar sitt vanliga sätt att prata med barnen brukar komma på att de använder minst lika många, och oftast till och med fler, ord.

Föräldrar har nämligen en tendens att upprepa sig. Först säger man till en gång att det är dags att klä på sig. Sedan en gång till och tillägger dessutom "annars kommer vi försent till dagis". När inget händer höjs tonläget och ytterligare en påminnelse kommer över läpparna. När barnet väl är påklätt följer man dessutom många gånger upp med lite "eftersnack": "Vi kan inte ha det så här älskling! När jag säger till dig på morgonen måste du komma. Förstår du det? Kan du lova mig att du kommer med en gång imorgon?" Ord, ord, ord! Men barnet hör dem inte ens. Hon stänger sina öron redan första gången föräldern yttrar dem, för orden berör henne inte. Det är bara samma gamla budskap som går varv på varv. Skillnaden när föräldern uttrycker sig med respektfull ärlighet kring sina känslor och behov är att orden berör. Föräldern berättar om sig själv. Det gillar barn! Det skapar helt andra förutsättningar för kontakt och samtal än de som uppstår när föräldern säger till barnet vad hon måste, borde eller skall göra.

Det där har man ju inte tid med
"Men alltså! Vem har all den där tiden?! Att snacka om mitt behov och ditt behov och gemensamma lösningar? Det finns inte utrymme för det i hallen på morgonen när man har typ tre minuter på sig att få ut hela familjen genom dörren." De flesta av oss kan nog relatera till det här problemet. Livet med barn är ständigt tidspressat. Samtidigt tycker jag att det är ett ganska dåligt argument mot likvärdig konflikthantering i familjen. Det handlar om att ta sig tid att berätta för barnet vad man själv tycker är viktigt och att ta reda på vad som är viktigt för barnet. Om man inte anser sig ha tid att göra det tror jag att man behöver se över hur man väljer att använda sin tid.

Men jag vill också ifrågasätta påståendet att likvärdig konflikthantering tar tid. Faktum är att jag tror att det är precis tvärtom, att man vinner tid på att ta hänsyn till alla familjemedlemmars behov. Den som känner tillit till att de egna behoven kommer att bli tagna på allvar väljer ofta att samarbeta. Den som däremot oroar sig för att få stryka på foten blåser gärna upp till kamp och ifrågasätter uppsåtet bakom varje förslag till lösning. Sådant tar förstås tid. Min fasta tro är därför att den tid man "förlorar" på att prata med varandra tjänar man med råge in genom att bråken blir färre och kortare.

Det förtjänar också att påpekas att många konflikter med fördel löses utanför själva konfliktsituationen. Om man till exempel har problem med morgonrutinerna, att barnen vill sitta kvar i tv-soffan samtidigt som föräldrarna är stressade och vill komma iväg till jobbet, kan det vara svårt att få till ett meningsfullt samtal om det när alla iblandade är upprörda. Istället kan det vara mer givande att prata om det på kvällen, kanske vid middagen eller på sängkanten, när stämningen är god och det finns gott om tid för alla att lyssna och komma till tals. Då är förutsättningarna förmodligen betydligt bättre att komma fram till en ömsesidigt accepterad lösning som innebär att man slipper stå inför samma utmaningar igen, dagen därpå.

Ibland måste barnen faktiskt lyda

"Om ditt barn håller på att springa ut i gatan, står du där och resonerar med honom då? 'Lille vännen, jag förstår att du har ett behov av att springa, men mamma är rädd om dig förstår du, så skulle du kunna tänka dig att stanna här på trottoaren?' Gör du det?!"

Ungefär så formulerade sig Robert Aschberg i en radiointervju med mig vid ett tillfälle. Nu har han visserligen en alldeles speciell förmåga att spetsa till saker och ting, men grundfrågan – Finns det situationer då föräldrar bör ingripa utan barnets medgivande? – får jag ofta.

Det finns naturligtvis tillfällen när föräldrar bör använda sin makt och sin kraft för att förmå barnen att göra, eller undvika att göra, vissa saker. Det handlar dels om situationer där vi behöver skydda barnen, till exempel från att bli skadade i trafiken, dels om situationer när vi behöver värna andra människors behov. Jag minns till exempel ett tillfälle när min son var ungefär 7 år och hade feber. Jag skulle hämta min dotter på förskolan och jag bedömde att det var bättre att lämna sonen ensam en liten stund än att ta honom med. Jag hade föreställt mig att min dotter skulle komma med en gång när jag bad henne, men det ville hon inte alls. Hon ville spela klart teatern som hon och hennes vänner just påbörjat. Jag försökte förklara varför jag ville att hon skulle följa med omedelbart, men nådde inte alls fram till henne. I det läget var det ett ganska enkelt val att helt sonika ta henne under armarna och bära ut henne från förskolan. Att fort komma hem till det sjuka barnet var viktigare än att hitta en lösning som både min dotter och jag kunde acceptera. (I efterhand är det förstås lätt att se att jag kunde förebyggt konflikten genom att ringa förskolan och be dem förvarna om min ankomst, men så logiskt resonerade jag inte just då.)

Säkert kan också du föreställa dig ett antal olika situationer när du vill välja att tillgodose ett behov, utan att först förankra det hos andra inblandade. När dessa situationer inträffar är det viktigt att ändå försöka vara respektfull mot barnet, att avstå från att skälla, skuld- eller skambelägga och istället lyssna med empati på de känslor och behov som barnet uttrycker. Om man gör det kanske man säger till den gallskrikande flickan som inte vill gå från förskolan: "Jag märker att du är superarg! Jag gissar att du väldigt gärna hade velat avsluta leken i lugn och ro?" Även om man inte är villig att tillmötesgå barnets önskemål är det skönt för barnet att få förståelse för det som är viktigt för henne. Denna förståelse kan sedan också, när känslorna lagt sig en aning och barnet är mottagligt för att lyssna, följas upp med att föräldern berättar om vad som var viktigt för henne i den aktuella situationen och ber barnet om återkoppling på det: "Jag kände mig orolig eftersom din bror har feber och jag ville ta hand om honom. Vad tänker du när du hör det?"

Det kan vara frestande att gång efter annan hänvisa till vikten av att skydda barnet eller andra människor i omgivningen och därmed frångå principen om likvärdig konflikthantering. Det finns emellertid flera risker med det, den främsta att det skadar tilliten och den ömsesidiga respekten i relationen. Eftersom samarbete hämtar näring just i tillit och ömsesidig respekt betyder det att när en förälder kräver lydnad av ett barn, minskar samtidigt sannolikheten för att barnet i framtiden skall välja att samarbeta med föräldern. Det kan därför vara klokt att väga olika behov mot varandra innan man bestämmer sig för att använda sin makt.

Skall barnen få vara med och bestämma om allt?
När jag pratar om likvärdig konflikthantering ser en del föräldrar framför sig bilden av evinnerliga samtal och förhandlingar. Ur det föds en orolig undran: Skall man verkligen resonera med ungarna om allting? Bakom den här undran tycks finnas en föreställning om att barns längtan efter inflytande är närmast obegränsad. Om man ger dem möjlighet att påverka beslut i vissa frågor kommer de därför snart att försöka påverka i massor av andra frågor också. "Mycket vill ha mer!"

Jag tror att det är precis tvärtom. Jag tror att det är barn som *inte* upplever att de blir hörda och vars behov inte blir tillgodosedda som "vill vara med och bestämma om allt". Det är som att de frågar på område efter område: "Får jag vara med och påverka här då?" Barn som däremot har erfarenhet av att föräldrarna lyssnar och tar deras känslor och behov på allvar söker inte inflytande i alla familjelivets angelägenheter. De har tillit till att de vuxna i familjen fattar beslut som tar allas behov i beaktande. Därför väljer de att ägna sin kraft åt annat än att göra sin röst hörd i varje enskild fråga.

Jag vill gärna betona följande: att en familj har ett likvärdigt förhållningssätt betyder *inte* att de vuxna alltid frågar om barnens åsikter eller söker deras godkännande inför beslut som skall fattas. Dels för att barn, som jag just nämnde, inte vill vara med och bestämma om allt, dels för att de inte har förmåga att göra det. Barn kan ha svårt att överblicka alla möjliga alternativ och att utvärdera de kort- och långsiktiga konsekvenserna av dem. Ju yngre barn det handlar om desto svårare är det förstås. Ett likvärdigt förhållningssätt i familjen innebär att de vuxna tar allas behov i beaktande när de fattar beslut. Det innebär också att de tar barnens eventuella reaktioner på allvar och möter dem med respekt och empati på det sätt som har beskrivits i det här och föregående kapitel.

Uppskattning istället för beröm

Större delen av det här kapitlet har handlat om hur vi vuxna kan uttrycka oss när barnen gör saker som vi inte gillar. Minst lika viktigt som det är att berätta för barnen när de gör sådant som vi ogillar är det förstås att berätta när de gör sådant som vi gillar. Alla mår bra av att få återkoppling på att det man gör är uppskattat. Alla mår också bra av att dela sin tacksamhet och uppskattning med andra.

Kanske är det framgångarna för den kognitiva beteendeterapin som gjort att de flesta föräldrar idag är mycket måna om att visa barn uppskattning. Många har säkert hört talas om "positiv förstärkning": tanken att man genom att berömma barnet för ett visst beteende ökar chansen för att hon skall vilja bete sig så igen. Därför översköljs många barn idag med tillrop från sina välmenande föräldrar:

"Vad bra att du dukade av din tallrik!"

"Vad duktig du var som klädde på dig själv!"

"Vad fint att du borstar dina tänder!"

"Du är allt bra duktig du som stänger av tv:n när jag säger till!"

Alldeles bortsett från att barnet lätt kan uppleva det som överdrivet och känna sig illa till mods när vuxna öser på med massor av beröm, finns det ett par andra problem med den typ av utsagor som exemplifieras ovan.

För det första tycker jag inte att det är likvärdigt. När jag säger att barnet är duktigt eller har gjort bra eller fint tar jag mig samtidigt rätten att bedöma barnet. Att värdera, recensera och betygsätta. Även om bedömningen sker i största välmening ser jag ändå en risk att barnet samtidigt uppfattar något om relationens beskaffenhet: att föräldern har makt att definiera hur barnet och barnets beteende *är*. Egentligen är det ju en högst subjektiv uppfattning, som föräldern klär i en förment objektiv språkdräkt. Duktig eller inte duktig? Bra eller dålig? Fint eller fult? Det råder knappast något utbredd enighet kring vad som är vad.

Det andra problemet med utsagor om vad som är bra, duktigt och fint är att de saknar tydlighet för barnen. Vad var det som var "bra" med att din dotter dukade av sin tallrik? Att hon kom ihåg att göra det? Att hon klarade av att balansera tallriken, glaset och besticken hela vägen till diskbänken? Att hon förenklade arbetet för någon annan? Och vad var det som var duktigt med att din son klädde på sig? Att han kom ihåg att sätta en strumpa på varje fot? Att han klarade av det krångliga blixtlåset? Eller att det underlättade för dig att hinna i tid till arbetet?

Istället för värderande utsagor om barnet och barnets

beteende föreslår jag att man delar sin glädje och tacksamhet med barnet. Ett sätt att göra det är att använda samma modell som jag skrivit om tidigare i kapitlet och berätta om vad man lägger märke till (observerar) och vilka känslor och behov som väcks i relation till det.

"När jag ser att du dukar av din tallrik (observation) *känner jag mig glad* (känsla) *eftersom jag gillar när det är ordning i köket* (behov). *Tack!"*

"Tack för att du klädde på dig själv! (observation) *Jag känner mig nöjd* (känsla)

eftersom det hjälper mig att komma i tid till jobbet (behov)."

När föräldern uttrycker sig på det här sättet blir det personligt och kontaktskapande. Barnet får veta hur det hon gör påverkar föräldern och hon lär sig något om vem föräldern är, vad hon känner och vilka behov hon har. Det skapar också en benägenhet hos barnet att berätta mer om vem hon själv är, vad hon känner och behöver i olika situationer. Det är helt enkelt mer inbjudande att berätta om sig själv för någon som gör samma sak.

Att uttrycka sig på det här sättet gör det också lättare för barnen att samarbeta med sina föräldrar. "Aha, pappa gillar ordning och det är viktigt för mamma att komma i tid till jobbet!" När det uttrycks så klart kan barnet själv komma på andra saker som hon också kan göra för att bidra till att föräldrarnas behov blir tillgodosedda. Hon kan städa undan sina leksaker och plocka upp sina kläder från golvet. Hon kan stänga av tv:n när mamma säger till och skynda på sina steg till förskolan. Men om föräldern bara säger "vad bra att du dukade av din tallrik" och "vad duktig du var som klädde på dig själv", då är det svårt för barnet att veta vad *mer* hon kan göra för att bidra, eftersom det troligen är ganska otydligt för henne vad det är hon bidrar till.

Så undvik att gömma dina behov bakom etiketter som "bra", "duktigt" och "fint"! Berätta istället vad du behöver, uppskattar, gillar och värdesätter och på vilket sätt ditt barn bidrar till det:

"Tack för att du kom med en gång när jag ropade att maten var klar. Jag gillar när vi äter tillsammans!"

"Jag lade märke till att du såg dig för innan du gick över gatan. Jag känner mig trygg när jag vet att du gör det."

"När du klappar mig på armen så där känner jag mig alldeles varm inuti eftersom jag blir påmind om all kärlek jag har till dig."

7. FÖRÄLDRASKAP OCH DÅLIGT SAMVETE

"*Duger jag?*"

"*Är jag bra nog för mitt barn?*"

"*Jag är för bestämd!*"

"*Jag är nog för eftergiven och slapp?!*"

"*Jag borde kanske ha låtit henne sova över hos sin kompis i alla fall?*"

"*Nu blev jag onödigt arg igen.*"

"*Skulle jag ha hjälpt honom mer med läxan?*"

Nästan alla föräldrar tycks göra det – ifrågasätta och kritisera sig själva för att de inte är tillräckligt bra. En del föräldrar har tvivlet och det dåliga samvetet som ständigt sällskap. Hos andra gör de mer tillfälliga framträdanden i medvetandet.

Tänk om man kunde vädra ut det dåliga samvetet, lukten av självförakt, tvivel och handlingsförlamning. Ersätta det med en hoppfull längtan efter förändring och nya sätt att tänka och handla. Eller acceptera det som är. Jag tror faktiskt att man kan det! Dåligt samvete måste inte ligga och gro i föräldrasjälen.

Lyssna inåt och lär av misstagen

Alla föräldrar gör misstag. Så är det bara. Vi gör saker som vi ångrar efteråt. När det händer kan självkritiken och de negativa bedömningarna vara allt annat än nådiga: "Hur kunde jag göra på det där sättet? Jag är en idiot!", "Tänk att jag alltid skall vara så brutalt ärlig! Tala först och tänka sedan, det är jag i ett nötskal!" Självkritik gör ont och impulsen att försvara sig eller att undvika att lyssna kan vara stark, men erbjuder ingen långsiktigt hållbar lösning. Det dåliga samvetet lägger sig på lur och dyker snart upp igen.

Därför vill jag föreslå att man gör precis tvärtom. Lyssna, ta in och försök förstå! Det finns ett viktigt budskap bakom kritiken och bedömningarna. Det bästa sättet att slippa höra kritiken och bedömningarna är att välkomna budskapet.

Vilket är då budskapet? Enkelt uttryckt: "Du har missat att ta hand om några behov!" När man drabbas av dåligt samvete är det ett tecken på att en inre konflikt pågår. Man har tillgodosett (eller försökt tillgodose) något eller några behov, på bekostnad av något eller några andra. För att ta reda på vilka behov konflikten handlar om kan man försöka lyssna på sig själv med empati. Det är samma färdigheter som jag beskrev i kapitel 5, den enda skillnaden är att man använder dem för att lyssna på sig själv, istället för på någon annan.

Det var en både smärtsam och befriande upplevelse första

gången jag lyssnade med empati på min egen självkritik. "Du är taskig!" sade den. "Självupptagen och oempatisk. Du borde verkligen veta bättre än att göra som du gjorde!" Händelsen som just den här självkritiken avsåg utspelade sig på förskolan. När jag kom för att hämta min knappt femårige son skrek han: "Gå! Du kommer för tidigt!" Jag kände mig arg och svarade att jag inte alls kom för tidigt. Att klockan faktiskt var kvart över fyra, jag var till och med försenad. Jag berättade att jag var villig att vänta en minut på honom i kapprummet. När han inte kom gick jag in igen och plockade snabbt ihop hans saker, innan jag tog honom hårt i armen och ledde ut honom från förskolan, ackompanjerad av förtvivlad gråt.

Empatiskt lyssnande handlar om att lyssna bortom orden, att fokusera på känslor och behov. Därför ställde jag mig nu frågan vilka behov som inte blivit tillgodosedda genom att jag gjorde det jag gjorde. Det handlade om omtanke och om respekt, insåg jag. Jag ville att min son skulle veta att jag brydde mig om honom och att han var lika mycket värd som jag. När jag hade pratat med honom samma kväll och förklarat att jag blivit arg för att jag inte ville vänta på honom hade han svarat: "Men jag hade ju väntat på dig, mamma. Hela dagen väntade jag på dig!" De där orden gjorde det tydligt för mig att jag hade glömt att ta hand om behovet av respekt. Jag kände mig både besviken och arg på mig själv när jag tänkte på det.

Jag hade missat att ta hand om behoven av omtanke och respekt, men vilka behov var det jag *hade* försökt ta hand om? Det var nästa fråga jag ställde mig själv. Jag funderade. Jag hade tyckt att det var pinsamt att jag var sen att hämta min son på förskolan och var orolig för att personalen skulle misstycka om jag dröjde mig kvar. Det är viktigt för mig att respektera överenskommelser, både när det gäller tider och annat. Jag funderade ytterligare ett varv när jag insåg att det var *extra* viktigt för mig att hålla överenskommelser just på förskolan. Jag frågade mig själv varför det var så.

– *Jag vill att personalen skall tycka om mig!*

– *Varför?*

– *För om de tycker om mig så är chansen bättre att de tycker om min son.*

– *Varför är det viktigt?*

– *För om de tycker om honom så är de snälla mot honom.*

Det klickade till i mig. Så var det. Jag var mån om att få acceptans av dem som var med min son på dagarna, eftersom jag ville att min son skulle ha det bra när vi var ifrån varandra. Det var de behoven jag hade försökt ta hand om genom att göra som jag gjorde.

Jag kände både sorg och lättnad när jag kom i kontakt med mina behov. Sorg över att jag inte tagit hand om allt som var viktigt för mig, men också över att jag inte tidigare förstått vad som var viktigt för mig. Lättnad över att förstå att de negativa bedömningar som jag gjort om mig själv – att jag var taskig, självupptagen och oempatisk – inte var sanningar. Jag hade velat väl, även om jag inte hade nått fram.

Jag hade gjort ett misstag och jag ville undvika att göra det igen. Så hur skulle jag göra nästa gång? Jag ville respektera min sons behov av att avsluta sina aktiviteter i lugn och ro. Samtidigt var jag mån om att ha en god kontakt med pedagogerna och oroade mig för att de inte tyckte om att jag dröjde mig kvar när jag hämtade honom. Men misstyckte de verkligen? Jag insåg att jag inte visste och bestämde mig för att fråga: "Jag vill gärna att min son skall få avsluta det han håller på med i lugn och ro när jag hämtar honom. Samtidigt vill jag underlätta för er som jobbar här. Därför undrar jag hur ni vill att jag skall göra när jag hämtar på eftermiddagarna?"

Det blev ett bra samtal där jag fick klart för mig att personalen inte alls misstyckte om jag dröjde mig kvar en stund vid hämtningen. Tvärtom ansåg de också att det var bra, både för mitt och för alla andra barn, att få avsluta sina aktiviteter i lugn och ro. De sade också att jag var välkommen att ringa när jag var på väg till förskolan för att hämta, om jag ville att de skulle hjälpa min son att förbereda sig för att gå hem.

Har du gjort ett misstag och är nyfiken på vad din självkritiska röst vill berätta för dig? Här nedan finns fem frågor som kan hjälpa dig att lyssna bortom de kritiska orden. (Om du vill veta ännu mer om hur man lyssnar på sig själv med empati rekommenderar jag dig att läsa Marshall Rosenbergs bok *Nonviolent Communication. Ett språk för livet** och Liv Larssons *Ilska, skuld och skam. Tre sidor av samma mynt***.)

* Rosenberg, Marshall (2003) *Nonviolent Communication. Ett språk för livet.*
Svensbyn: Friare Liv Förlag.
** Larsson, Liv (2010) *Ilska, skuld och skam. Tre sidor av samma mynt.*
Svensbyn: Friare Liv Förlag.

1. Vilken händelse är det som utlöser självkritiken?

Att försöka hitta den eller de specifika händelser där man gjort val som man ångrar är viktigt, för om man inte tar reda på vilket val man ångrar är det svårt att välja annorlunda nästa gång.

"Jag kallade Moltas 'lat' när han sade att han inte ville göra läxan."

"Jag surfade på nätet istället för att läsa för Helen, som jag hade lovat att göra."

2. Vilka behov blev inte tillgodosedda när du gjorde det som du ångrar?

"När jag kallade Moltas lat blev behoven av respekt, empati och stöd inte tillgodosedda."

"När jag surfade istället för att läsa för Helen tillgodosåg jag inte behoven av att hålla överenskommelser, respekt och gemenskap."

3. Vilka känslor hade du i situationen och vilka behov försökte du tillgodose?

"Jag kände mig frustrerad, orolig och irriterad eftersom jag så gärna vill att Moltas skall lära sig saker och

klara sig i livet. *Att han skall ha framtiden fylld av möjligheter. Jag vill kunna känna hopp!"*

"Jag var trött, helt utmattad faktiskt, och hade behov av vila, tystnad och att få vara med mig själv en stund."

4. Fokusera på alla behov som du har listat. Vad känner du?

När man får kontakt med alla sina behov – både dem som inte blivit tillgodosedda och dem som man försökt tillgodose – inträffar ofta ett känslomässigt skifte. Istället för att stanna i de självkritiska bedömningarna: "Jag borde verkligen vara mer förstående!" upplever man en känsla av sorg: "Jag känner mig ledsen när jag tänker på att jag sade till Moltas att jag tycker att han är lat." Om man tillåter sig att ta in både sorgen och kunskapen om de egna behoven brukar det följas av en upplevelse av inre försoning: "Jag försökte ta hand om något som är viktigt för mig. Nästa gång vill jag försöka göra det på ett sätt som bättre tillgodoser alla behov."

5. När sorgen lagt sig, fundera över hur du kan och vill göra nästa gång du hamnar i samma situation.

"Nästa gång vill jag försöka skapa kontakt med Moltas. Kanske kan jag säga ungefär så här till honom: 'När du säger att du inte vill göra läxan känner jag mig orolig eftersom jag vill att du skall lära dig sådant

som du kan ha nytta av och ha goda möjligheter att utbilda dig och arbeta med det du helst vill. Vill du berätta vad du tänker om det?"

"Nästa gång vill jag vara ärlig med vad jag behöver och stämma av med Helen hur hon reagerar på det. Jag tror jag vill säga ungefär så här: 'Jag sade till dig i morse att jag skulle läsa saga för dig ikväll. Nu känner jag mig väldigt trött och märker att jag mest av allt vill vila. Hur är det för dig att höra det?'"

När man upplever att man har begått ett misstag handlar det alltså i grund och botten om att man har låtit några behov ha företräde framför andra. Att lyssna inåt och ta reda på mer om vilka behoven är, utgör ett första led i att omvandla det dåliga samvetet, först till sorg och därefter till lärande.

Det andra som man kan göra är att sätta ord på det dåliga samvetet. Prata med barnet! Berätta om vilka känslor och behov som gör sig påminda när du tänker på det som hände.

"Jag har dåligt samvete när jag tänker på att jag tog dig i armen och ledde ut dig från dagis idag. Jag hade bara i huvudet att jag hade lovat fröknarna att hämta dig klockan fyra och lät behovet att hålla överenskommelser styra. Jag missade helt hur viktigt det också är för mig att ha omtanke om och respekt för dig. Hur känns det för dig att höra det?"

Att ställa den sista frågan – "Hur känns det för dig att höra det?" – och att verkligen vara villig att lyssna på svaret är viktigt. Att berätta om det som man själv uppfattar som ett misstag är inget knep för att smita undan sitt eget dåliga samvete. Det är ett sätt att omvandla självkritiken till sorg och lärande, vilket i sin tur skapar möjlighet att tillgodose fler behov. Därför behöver alla kommunikationskanaler (orden, kroppsspråket, tonfallet och ansiktsuttrycket) signalera till barnet att man har ett uppriktigt intresse av svaret och inte bara hoppas på att få höra: "Det är okej mamma. Det gjorde inget!"

När barnet sedan besvarar frågan är det viktigt att ha det empatiska lyssnandet påkopplat:

– Jag tycker att du kunde ha tänkt lite mer på mig! Det var viktigt för dig att hålla tiden för fröknarna, men jag då!?

– Menar du att du önskar att jag skall hålla tiden för din skull?

– Ja!

– Handlar det om att du vill vara säker på att du är viktig för mig?

– Ja! Du bara pratar om alla andra hela tiden! Om fröknarna. Om ditt jobb. Om lillasyster...

– Och när du hör mig prata om allt det där andra känner du dig orolig och undrar om du är viktig?

– Mm.

– Åh, min älskade unge! Tack för att du berättar det här för mig. Det känns skönt för mig när jag förstår hur du tänker och vad som är viktigt för dig. Får jag berätta för dig hur mycket jag älskar dig?

– Okej då.

– Jag älskar dig härifrån och till universum tar slut!

– Men mamma, knäppis! Universum har ju inget slut.

Syftet med att berätta om behoven bakom de misstag man ångrar är alltså inte att få syndernas förlåtelse av barnet. Syftet är istället att skapa kontakt kring hur det är att vara människa. Att skapa möjligheter för ömsesidig förståelse, snarare än ensidig förlåtelse. Att med ordens hjälp omvandla det dåliga samvetet till en förståelse för sina egna och andras behov och en möjlighet att agera annorlunda i framtiden. Eller upptäcka att det kanske inte var ett misstag trots allt.

Vad säger det dåliga samvetet egentligen?

Hittills har jag skrivit om hur man kan lyssna på och lära av den självkritik som gör sig påmind när man tänker att man gjort fel i en eller flera specifika situationer. Men det händer också att vi föräldrar bär på ett mer diffust dåligt samvete, som inte går att koppla till ett visst tillfälle. Det är mer som en envis röst någonstans i bakhuvudet: "Du är en dålig förälder", "Du pratar ju knappt med dina barn", "Du är alltid så stressad!"

Rösten är ofta svår att stänga ute eller bortse från. Därför brukar en annan inre röst erbjuda försvar i form av motargumentation: "Jag gör faktiskt så gott jag kan!", "Klart jag är stressad när jag har en partner som aldrig hjälper till!" Snart pågår en verbal tennismatch i huvudet. Anfall, försvar, förnyat anfall, motangrepp – kampen tycks aldrig ta slut. Lösningen tror jag återigen står att finna i det empatiska lyssnandet. Att låta de båda argumenterande inre rösterna bli hörda bortom orden. Vilka känslor och behov vill de påminna om? Om man lyssnar med empati på sin egen kritiska röst kanske det låter så här:

Den kritiska rösten: "Du är en dålig mamma!"

Inre empatisk lyssnare: "Jag vill gärna förstå vad du menar. Berätta mer!"

Den kritiska rösten: "Du hämtar barnen sent på dagis, stressar hem och ställer dig vid spisen med en gång! Sedan är det Bolibompa för barnen medan du diskar, tvättar och plockar. Efter det är det dusch och nattning för barnen. Du är för lite med barnen. Du pratar för lite med dem. Ni leker nästan aldrig!"

Inre empatisk lyssnare: "Du låter orolig? Handlar det om att du inte tycker att jag tar hand om behovet av gemenskap?"

Den kritiska rösten: "Det är precis det jag försöker säga! Ni behöver ju varandra i den här familjen!

Ni gillar ju att vara med varandra och att snacka om allt mellan himmel och jord. Jag känner mig ledsen när jag ser att ni inte gör det i den utsträckning som jag tror att ni mår bra av!"

När det blivit tydligt vilket eller vilka behov den kritiska rösten vill påminna om flyttar man fokus och lyssnar på den andra rösten, den som erbjuder försvar och ibland även motangrepp:

Försvarsrösten: "Gemenskap låter ju fint och bra, men när skall vi ha tid med det? Det är inte som att jag sitter här hemma och rullar tummarna direkt! Jag sliter ju som ett djur för att få den här familjen att fungera!"

Inre empatisk lyssnare: "Jag gissar att du är både trött och frustrerad och vill få förståelse för hur mycket du anstränger dig?"

Försvarsrösten: "Ja tack! Jag jobbar hela dagen för att dra in pengar, jag hämtar barnen så fort jag kan, jag försöker laga riktig mat och ser till att vi äter tillsammans, jag tvättar, gör matsäckslådor, hjälper Simon med läxorna ..."

Inre empatisk lyssnare: "Det låter som om du är väldigt mån om att dina barn får både trygghet och omsorg?"

Försvarsrösten: "Det är jag verkligen!"

När man förstått vilka behov som de båda rösterna vill påminna om blir nästa steg att bjuda in till en inre konfliktlösning genom att fråga sig själv vad man kan göra för att tillgodose, eller åtminstone ta hänsyn till, alla behov:

"Jag har kommit på att jag har haft stort fokus på att skapa trygghet och omsorg och missat att ta hand om behovet av gemenskap. Jag vill fundera på hur jag kan göra framöver för att ta hand om alla de här behoven."

Kanske blir svaret att ingen lösning syns just nu. Då tror jag att det är viktigt att uppmärksamma och erkänna det för sig själv och tillåta sig att känna efter hur det känns. ("Jag känner mig ledsen eftersom jag inte ser hur vi kan tillgodose behovet av gemenskap i vår familj just nu.") När behovet uppmärksammas och erkänns behöver det inte längre ta sig uttryck i självkritik för att nå medvetandet.

Har du ett dåligt samvete som ligger och gnager? Blir du nyfiken på att lyssna på vad det vill berätta för dig? Stanna upp nästa gång du hör det! Fokusera på följande:

1. Vad säger det dåliga samvetet? Vilka kritiska utsagor är det som du hör om dig själv och ditt beteende?

"Du borde leka mer med Stefan! Han blir ju så glad när du leker med honom, du ser ju det! Och ändå gör du det nästan aldrig."

2. Vilket eller vilka behov vill det dåliga samvetet göra dig uppmärksam på?

"Det är viktigt med gemenskap, lek och kärlek."

3. Vad säger den andra rösten inom dig? Den som försvarar det du gör och ger dig visst stöd i att inte ändra dig?

"Det är ju så tråkigt att leka! Jag står bara inte ut med att leka det som Stefan vill!"

4. Vilket eller vilka behov försöker den andra rösten värna om?

"Det är viktigt med mening, utmaning och stimulans."

5. Vad kan och vill du göra för att tillgodose alla behov?

"Jag vill fråga Stefan om vi kan försöka hitta på andra saker att göra tillsammans, som både han och jag gillar."

6. Tillåt dig att känna sorg och besvikelse om du inte ser hur du kan tillgodose alla behov just nu.

Skall man prata om sitt dåliga samvete med barnen? Jag tycker det. Likaväl som vi kan berätta att vi har dåligt samvete för misstag vi gjort (som jag skrev om tidigare), kan vi berätta om det mer diffusa och gnagande dåliga samvetet. Inte för att få barnens välsignelse att fortsätta göra som vi gör. Inte för att barnen skall ta ansvar för att lösa våra problem. Utan för att det skapar möjligheter att lära av varandra. Det bidrar till kontakt och förtrolighet och en upplevelse av gemenskap kring livets glädjeämnen och utmaningar. Föräldern kanske säger ungefär så här:

"Jag känner mig frustrerad och lite ledsen just nu. Jag har kommit på att jag har lagt stort fokus på att vi skall ha det bra i den här familjen på det sättet att vi har mat på bordet, kläder att sätta på oss och rent omkring oss. Jag har missat att jag också vill att vi skall hinna umgås, snacka med varandra och göra saker tillsammans. Jag vill gärna veta vad du tänker om det jag just sa. Har du lust att berätta?"

Barn mår bra av att veta att de lever med verkliga människor. Människor som känner, behöver och längtar. Människor som gläds och förundras, men också sörjer, tvivlar och prövar sig fram. Människor som är precis som de och som de kan identifiera sig med.

TILL SIST

Här om morgonen åt jag långfrukost med barnen. Vi pratade om lite allt möjligt och jag passade också på att be dem om några föräldratips.

– Ni vet att jag håller på att skriva färdigt min bok, sa jag. Den handlar ju om hur föräldrar kan göra för att hjälpa barn att tycka om sig själva och veta att de duger som de är. Jag är nyfiken! Vad tycker ni? Vilka råd skulle ni vilja ge till föräldrar?

– Jag tycker att föräldrar skall försöka förstå hur saker och ting känns för oss barn. Åttaåringen tänkte efter en stund innan hon fortsatte. Jag vet inte om föräldrar alltid kan det, men jag tycker att de skall försöka i alla fall. Och så skall de vara snälla. Och ärliga!

– Tycker ni att föräldrar skall låta barn göra som de vill?

– Nej, för då skulle nog en del barn sitta i soffan och äta godis och spela dataspel hela dagarna. Det var tioåringen som svarade.

– Du tror inte att de skulle må så bra av det?

– Nej. Det är föräldrarnas jobb att tänka på vad som är bra för barnen och inte bara på vad barnen vill.

– Är det något annat som föräldrar behöver tänka på, tycker du?

– Att ladda hem roliga appar till iPaden som de kan spela tillsammans med barnen. Och att mysa.

Så självklart det är för dem! Återigen påminns jag om hur vi föräldrar kan få svar på många av våra frågor genom att ställa dem direkt till barnen. Över en frukostmacka formulerade de sina viktigaste råd till mig och andra föräldrar som är måna om att barn skall gilla sig själva: Var intresserad, empatisk och ärlig. Hjälp barnen att få sina behov tillgodosedda. Och kom ihåg att umgås och ha kul tillsammans.

Igår frågade jag min dotter vad hon tyckte var det värsta jag någonsin hade sagt till henne. Jag vill inte avslöja hennes svar, men jag kan berätta att det var både oväntat och lärorikt ... Här är några andra exempel på frågor som jag vill (fortsätta) ställa till mina barn:

"Ibland glömmer jag hur det är att vara barn. Finns det något tips du skulle vilja ge till mig som är förälder?"

"Finns det något som du skulle vilja ändra på i ditt liv?"

TILL SIST

"Tycker du att det är viktigt att vara duktig på det du gör?"

"Berätta om ett tillfälle när du kände dig omtyckt!"

"Finns det tillfällen när du tänker att du inte är omtyckt?"

"När är det extra lätt för dig att gilla dig själv?"

"Vad tycker du är riktigt roligt att göra?"

Vi kan läsa böcker om föräldraskap, vi kan prata med andra föräldrar och med experter, och vi kan lära oss mycket av det. Låt oss samtidigt lära av och bevara nyfikenheten på varje enskilt barn.

TACK

Mina älskade underbara barn, tack för att ni finns! Tack för att ni inspirerar, utmanar och älskar mig. Tack för att ni hjälper mig utvecklas och lära mig mer om mig själv och andra människor, både små och stora. Utan er hade jag aldrig kunnat skriva den här boken.

Tack min älskade make för att du är den största och mest ointresserade supportern i mitt skrivande. Tack för att du älskar mig oavsett vad jag presterar.

Tre personer har läst hela manuset och lämnat väldigt värdefull feedback: Cecilia Carlsson, Jessica Lindvert och Sanna Håkansson. Stort tack till er! Ett extra tack till Cecilia för att du gav mig bokens titel.

Jag vill också rikta ett tack till min förläggare Lisa Ydring, som funnits med som ett stöd under hela skrivprocessen. Tack för den första kontakten, som sporrade mig att äntligen samla ihop alla tankar och skriva den här boken.

Tack också till Ann Pålsson för att du hjälpt mig att få ordning på alla ord och skiljetecken.

Jag vill avsluta med att tacka mig själv. Tack för att jag äntligen lyssnade på min inre röst och gjorde det jag ville, istället för det jag trodde att jag borde. Tack för att jag låtit lusten och glädjen ta plats under skrivandet av den här boken.

EXEMPEL PÅ KÄNSLOR

ANGELÄGEN	GENERAD	OSÄKER
ARG	HOPPFULL	OTÅLIG
AVSLAPPNAD	HÄPEN	PANIKSLAGEN
AVUNDSJUK	ILSKEN	PIGG
BEDRÖVAD	INSPIRERAD	RASTLÖS
BEKYMRAD	IRRITERAD	RÄDD
BELÅTEN	IVRIG	RÖRD
BESVIKEN	LEDSEN	SORGSEN
BITTER	LIKGILTIG	SPÄND
CHOCKAD	LIVLIG	STOLT
DYSTER	LUGN	SUR
ENERGISK	LYCKLIG	TACKSAM
ENTUSIASTISK	LÄTTAD	TRYGG
FASCINERAD	MISSMODIG	TRÖTT
FÖRSKRÄCKT	NERVÖS	TVEKSAM
FÖRTJUST	NYFIKEN	UPPGIVEN
FÖRTVIVLAD	NÖJD	VARM
FÖRVIRRAD	OINTRESSERAD	VILLRÅDIG
FÖRVÅNAD	OLYCKLIG	ÄNGSLIG
FÖRVÄNTANSFULL	OPTIMISTISK	ÖVERRASKAD
GLAD	OROLIG	ÖVERVÄLDIGAD

EXEMPEL PÅ BEHOV

ACCEPTANS	LUFT
ATT BIDRA TILL ANDRA	MAT
MÄNNISKOR	MENINGSFULLHET
ATT FIRA	NÄRHET
ATT KUNNA VÄLJA	OMSORG/OMTANKE
ATT SÖRJA	ORDNING
AUTONOMI	RESPEKT
BERÖRING	RÖRELSE
EGENVÄRDE	SAMARBETE
EMPATI	SEX
ENKELHET	SKRATT
FRID	SKYDD
FÖRDJUPNING	SKÖNHET
FÖRSTÅELSE	STÖD
GEMENSKAP	TILLFÖRLITLIGHET
HARMONI	TILLIT
INSPIRATION	TRYGGHET
KREATIVITET/UTTRYCK	TYDLIGHET
KUNSKAP	VATTEN
KÄNSLOMÄSSIG TRYGGHET	VÄRME
KÄRLEK	ÄRLIGHET
LEK	